光明社科文库

20世纪上半叶
中国法律思想史学研究

肖志珂◎著

光明日报出版社

图书在版编目（CIP）数据

20 世纪上半叶中国法律思想史学研究 ／ 肖志珂著
. --北京：光明日报出版社，2021.12
ISBN 978 - 7 - 5194 - 6404 - 2

Ⅰ. ①2… Ⅱ. ①肖… Ⅲ. ①法律—思想史—研究—
中国—20 世纪 Ⅳ. ①D909.26

中国版本图书馆 CIP 数据核字（2021）第 266108 号

20 世纪上半叶中国法律思想史学研究
20 SHIJI SHANGBANYE ZHONGGUO FALÜ SIXIANG SHIXUE YANJIU

著　　者：肖志珂

责任编辑：黄　莺　　　　　　　　责任校对：李小蒙
封面设计：中联华文　　　　　　　责任印制：曹　净

出版发行：光明日报出版社
地　　址：北京市西城区永安路 106 号，100050
电　　话：010 - 63169890（咨询），010 - 63131930（邮购）
传　　真：010 - 63131930
网　　址：http://book.gmw.cn
E - mail：gmrbcbs@ gmw.cn
法律顾问：北京市兰台律师事务所龚柳方律师

印　　刷：三河市华东印刷有限公司
装　　订：三河市华东印刷有限公司

本书如有破损、缺页、装订错误，请与本社联系调换，电话：010 - 63131930

开　　本：170mm×240mm
字　　数：192 千字　　　　　　　印　　张：15.5
版　　次：2022 年 6 月第 1 版　　印　　次：2022 年 6 月第 1 次印刷
书　　号：ISBN 978 - 7 - 5194 - 6404 - 2
定　　价：95.00 元

序

　　中国法律史是一门历史悠久的交叉学科，它把法律与历史有机结合，既总结先贤在法律建设与法律治理方面的经验和教训，又为当代法治建设提供有益的借鉴。特别在中国全面推进依法治国的道路上，更应该对中国传统法律制度、法律思想与法律文化的精髓进行挖掘、探究。中国法律史学科在今天的法治建设中起着不可或缺的重要作用。正是法律学人在本学科孜孜不倦的刻苦钻研，才使得学科薪火相传、继往开来，更为中国特色社会主义法治建设贡献智慧。

　　从学科发展的角度看，任何一门学科，没有其专门史学的支撑都是不完整的，法学也不例外。所以，法史学在法学学科体系中拥有不可替代的地位。中国法律史学科主要由中国法律制度史、中国法律思想史与中国法律文化史三部分组成。制度史是思想史的根基，思想史是制度史的精髓，文化史则是高层次的提炼与展现。在历史长河中，制度会消亡，但其沉淀的思想与文化必将留下痕迹，其中蕴含的优秀法律传统文化可以为今天中国的法治建设提供不可多得的借鉴，需要传承下来。中国法律思想史就是研究我国历史上各个不同阶级、阶层、社会集团、学派及其代表人物的法律理论和观点的一个重要的法学分支学科。

　　对中国而言，20世纪上半叶已不仅仅是一个简单的历史时段，而是全面深刻的文明转型。经过这个时段的塑造，中国开始呈现出一种新的民族精神、国民性格。许多全新的法律观念，如法治、权利本位、司法独立等，开始呈现在国人面前，这些法律观念的转型奠定了中国法制现代化的思想基础，并极大地丰富了中国法律思想史学科的内涵。

学术研究是一个无止境的发展过程，社会背景的不断变化、新资料的发掘、新的研究方法的引入……总有新的问题呈现在研究主体面前，甚至研究主体自身也在不断变化。所以，即使面对同一时段的历史，不同的研究者也会有不同的发现，进而呈现不同的思考。学术史研究为中国法律思想史研究打开了一扇新的大门。学术史研究也需要史与论的有机结合，只有二者统一，学术史研究才能既反映学术的变迁，又揭示学术的思想价值。

《20世纪上半叶中国法律思想史学研究》一书的时间选取定在20世纪上半叶。这一时期既是中国各类思想、学术思潮激烈交锋和碰撞的时期，也是现代中国法律思想史学科形成并初步发展的时期。不论是从学科发展的角度还是思想解惑的角度，回到学科形成初期对其探源分析都有助于对中国法律思想本身取得更深刻的认识。特别是这本书选材非常广泛，既有对20世纪上半叶中国法律思想史学在通史领域研究成果的考察与分析，比如，丁元普的《法律思想史》、杨鸿烈的《中国法律思想史》、秦尚志的《中国法制及法律思想史讲话》等，作为中国法律思想通史研究的代表著作，几部作品不论在研究对象还是研究方法等方面都有建树，对此本书都有详细论及；也有断代史研究的考察，特别是对先秦法律思想的研究是20世纪上半叶中国法律思想史研究中的重中之重，本书对这一时期关于先秦法律思想的主要专门论著都有介绍。其中，既有对法律思想的宏观哲学思考，也有对中华法系的专题探究；既有学科兴起的社会背景的介绍、对学科整体概况的描述，也有对学科的代表人物（梁启超、居正、瞿同祖、杨鸿烈等）、代表著作（丁元普的《法律思想史》、杨鸿烈的《中国法律思想史》）等的细致分析，更有对于这一时期法律思想、研究成果的评析。有些分析不乏独到的见解，把史与论有机结合起来正是学术史研究的基本要求，这本书把二者有机融合在一起，既有史料参考价值，也有一定的理论深度。

此书的作者肖志珂是我的博士研究生。在读期间，她十分辛苦，既要上班，又要到学校听课、撰写论文。可是，她克服许多困难，坚持下来。现在这本学术史专著是以她的博士论文为基础修改而成的。整本著作结构合理，内容丰富，观点鲜明，史料运用恰当，史论结合较好，是一本具有较高学术价值的专著。

目前，中国法律思想史学科尚未有学术史研究的专门著作问世。这本书虽然在资料的丰富性、论述的深刻性等方面存在一些不足，但为中国法律思想史学科发展提供了一个可借鉴的研究视角，迈出了可喜的一步，这也是它不可忽视的价值所在。

是为序。

华东政法大学功勋教授　王立民
二〇二一年元旦

自 序

20世纪上半叶是中国的大变迁时代，这种变迁是全面、彻底、深刻和复杂的，以至于我们可以说它正在经历一次巨大的文明转型，而法律变迁也始终伴随其中。在社会激荡和法律制度纷繁复杂的变动背后沉淀的是思想与文化。近代中国，完成了多方面法律观念的转变。由盲目排外到中体西用，由君主专制到君主立宪再到民主共和，由人治到法治，由义务本位到对权利的尊重，由司法从属于行政到司法独立，由重刑轻民到民刑并重，等等。这些法律观念的转型有力地奠定了中国法制现代化的思想基础。

从学科的角度看，任何一门一级学科，没有其专门史学的支撑都是不完整的、肤浅的、缺乏立体感的，因而也是立不起来的，法学也不例外。这就是法史学应有的地位。

经过20世纪的发展，中国法律思想史已经发展到由个案性的人物评介向深层研究发展，由概括性的一般论析向专题研究发展，由通论性的大体介绍向断代研究发展，由总体性的通盘探析向部门研究发展，由单向性的具体考察向比较研究发展，由回顾性的追怀述论向当代研究发展。但这种看似完备总结的背后，却并不是学科或学术发展的终结。学科与学术的发展总是不停歇的，社会背景的变化、新资料的发掘、学术

1

研究新方法的引入，甚至研究主体的变化，总在不断地向我们提出新的问题。即便面对同一时段的历史，不同的研究者也会有不同的发现。同时法律思想史研究本身在发展过程中也遇到了一些瓶颈，而学术史研究为中国法律思想史研究打开了一扇新的大门。

本书在对资料分疏及相关研究方法的指导下，主要构思了以下部分：导论、五章及结论。

导论部分着力于从整体上介绍本书的选题原因、学术梳理、研究方法、研究框架等。可对本书有一个整体把握。

第一章主要介绍学科正式兴起之前的背景。中国法律思想史作为正式学科的兴起，离不开社会、文化等背景的铺垫，社会问题的论证、文化思潮的碰撞，都为中国法律思想史学科的兴起做了必要的准备。本章分别从社会背景、文化背景、学科状况三个方面分析它们对中国法律思想史学科兴起的影响。

第二章主要介绍学科兴起后的整体发展状况，比如学科特征、代表人物等。通过这部分的介绍可对学科在这一时期的发展有一个宏观的把握。19世纪末20世纪初，在清末新政与西学东渐的双重影响下，传统学术体系下的"通人之学"逐渐转变为近现代的"专门之学"。在此背景下，中国法律思想史学科应运而生，于20世纪初成为一门法学分支学科，也是一门现代性的、具有独立品格的学科。更经过沈家本、杨鸿烈、陈顾远、瞿同祖等法学前辈的努力，中国法律思想史学成为有了自己独特的研究对象、研究方法的学科体系。本章借助对社会背景的回顾以及中国法律思想史学的发展历程及特点的梳理，形成20世纪上半叶中国法律思想史学的大体观察。

第三章主要是对20世纪上半叶中国法律思想史学在通史领域研究成果的考察与分析。20世纪上半叶中国法律思想通史研究的状况虽然不及中国法制通史的研究，但几部代表性著作的公开出版，也充分表明了中国法律思想史学科的基本成形。丁元普的《法律思想史》、杨鸿烈的《中国法律思想史》、秦尚志的《中国法制及法律思想史讲话》、王振先的《中国古代法理学》等可作为中国法律思想通史研究的代表著作。几部作品不论在研究对象还是研究方法等方面都有建树。鉴于与中国法律思想史学科的密切关系，本章重点介绍丁元普的《法律思想史》、杨鸿烈的《中国法律思想史》和秦尚志的《中国法制及法律思想史讲话》这三部代表性著作，以期加深对这一领域的整体认知。

第四章为断代史研究的考察。20 世纪上半叶，对中国法律思想的研究总体而言是比较丰富的，但主要集中在先秦时期，其次为秦汉和隋唐，对宋元明清则涉及较少。先秦法律思想是 20 世纪上半叶中国法律思想史研究中的重中之重，通史中对先秦法律思想的研究自是必不可少，除此之外还有不少关于先秦法律思想的专门论著。对先秦法律思想的研究一般按儒墨道法流派展开，本书亦按此叙述。

第五章为专题研究。法律思想史领域的专题研究可谓名目繁多，专题研究的领域和深度也颇能体现研究者的水平。20 世纪上半叶中国法律思想史领域的专题研究也涉及较广。本章主要围绕中国古代法律思想的哲学基础和中华法系的研究展开。

最后结语部分则以史为鉴，结合目前学科发展的困惑及前景，以期寻找学科突围的方式。

目 录
CONTENTS

导　论

一、选题原因

对当代中国人来说，20 世纪上半叶是中国的大变迁时代，这种变迁是全面、彻底、深刻和复杂的，以至于我们可以说它经历了一次巨大的文明转型。它已不仅仅是一个简单的历史时段，还代表了一种民族精神、国民性格。有人说它是一个混乱动荡的年代，有人说它是一个自由民主的年代，大概正是这种截然不同的评价才更吸引今天的人们去进一步解读它。

在 20 世纪上半叶中国社会的大发展中，始终伴随法律变迁。"在 20 世纪上半叶，中国法律发展大体上依次出现过四种形式和模式，这就是清末修律模式、辛亥革命法制模式、北洋军阀政治法制模式和南京国民政府法制模式。"① 这也只是对法律变迁的一种概括解读。在社会激荡和法律制度纷繁复杂的变动背后沉淀的是思想与文化。近代中国，完成了多方面法律观念的转变。由盲目排外到中体西用，由君主专制到君主立宪再到民主共和，由人治到法治，由义务本位到对权利的尊重，

---

① 公丕祥. 中国的法制现代化［M］. 北京：中国政法大学出版社，2004：53.

由司法从属于行政到司法独立，由重刑轻民到民刑并重，等等。①这些法律观念的转型有力地奠定了中国法制现代化的思想基础。

西方思想家帕斯卡尔（Blaise Pascal）认为，"能思想"使人有别于自然界中的他物："人只不过是一根苇草，是自然界最脆弱的东西；但他是一根能思想的苇草。用不着整个宇宙都拿起武器来才能毁灭他；一口气、一滴水就足以致他死命了。然而纵使宇宙毁灭了他，人却仍然要比致他于死命的东西高贵得多；因为他知道自己要死亡，以及宇宙对他所具有的优势，而宇宙对此是一无所知。因而，我们全部的尊严就在于思想。"②

人的思想不但是高级的，也是延续的。"在人类历史上，曾经存在过许多辉煌显赫的文明。它们有的业已消亡，只能从考古发掘的遗迹中去辨认和遥想当年的光彩；有的存在并延续下来，正在度过兴盛、衰落或转型的时期。文明所经历的神秘的生死盛衰之门永远吸引着人们的思考，指引着后来者的足迹……希腊灭亡了，一个哲学和艺术的时代不复存在；罗马坍塌了，它的法律得到了继承，一个法律的时代在其后展开；拿破仑的辉煌早已成为历史，但他的法律却仍然活着。"③

特别在当今社会，知识越来越表现出专门化和特殊化，回归更具普遍性的思想便成了当前各学科发展的内在需要。因此有必要突破学科学术的樊篱，在历史情境中探求思想的生成与价值，以此推动思想史研究的实践，引领读者进入思想的新境界。西方历史哲学家柯林武德（Robin George Collingwood）指出："自然的过程可以确切地被描述为单纯事件的序列，而历史的过程则不能。历史的过程不是单纯事件的过程而是

---

① 张晋藩. 中国法律的传统与近代转型［M］. 北京：法律出版社，2005：323 – 355.
② 帕斯卡尔. 思想录［M］. 何兆武，译. 北京：商务印书馆，1985：157.
③ 尹伊君. 社会变迁的法律解释［M］. 北京：商务印书馆，2010：1.

行动的过程，它有一个由思想的过程所构成的内在方面；而历史学家所要寻求的正是这些思想过程。一切历史都是思想史。"① "思想史"或"观念史"概念的提出给史学界带来了巨大的震撼，并间接地影响了中国学界的诸多学者。思想史方向的著作不断涌现，柯氏实在功不可没。除了柯林武德，洛夫乔伊（Arthur Oncken Lovejoy）、斯金纳（Burrhus Frederic Skinner）、拉卡普拉（Dominick LaCapra）等西方著名思想史家对"思想史元问题"也有精辟阐述和独到理解。为此，思想史研究应运而生，而法律思想史研究则是其专门分支。

"当今中国社会，法学已成显学。在这一显学之中，中国法律史学，尤其是中国法律思想史学却是实实在在的冷门学。"②当然，问题的关键不在于它冷不冷，而在于对它深层次的认知。理性地思考一下，法史学从来不应追求成为显学，它必须是冷中有峻奇、有深刻、有神韵、有创新之学。因为，我们所面临的中国现实中的法的现代化和社会法治化问题，一部分是历史遗留下来的，一部分是在与西方文化的交流与碰撞中产生的。历史遗留下来的问题，是在历史上就已产生的，古代思想家们曾给予过思考，我们并不必然比他们聪明，理应加以吸收和借鉴。至于中西方文明的交流与碰撞中产生的问题，确是具有挑战性的新问题。但应对挑战仍然需要借助历史的经验与智慧。

而从学科的角度看，任何一门一级学科，没有其专门史学的支撑都是不完整的、肤浅的、缺乏立体感的，因而也是立不起来的，法学也不例外。这就是法史学应有的地位。

---

① 柯林武德. 历史的观念 ［M］. 何兆武，张杰，陈新，译. 北京：北京大学出版社2010：212.
② 俞荣根. 寻求"自我"——中国法律思想史的传承与趋向 ［J］. 现代法学，2005（2）：166 – 174.

　　但法律思想史研究本身在发展过程中也遇到了一些瓶颈。饶鑫贤在《20 世纪之中国法律思想史学研究及其发展蠡测》一文的最后指出，经过 20 世纪的发展，中国法律思想史已经发展到"由个案性的人物评介向深层研究发展，由概括性的一般论析向专题研究发展，由通论性的大体介绍向断代研究发展，由总体性的通盘探析向部门研究发展，由单向性的具体考察向比较研究发展，由回顾性的追怀述论向当代研究发展"①。但这种看似完备总结的背后，却并不是学科或学术发展的终结。学科与学术的发展总是不停歇的，社会背景的变化、新资料的发掘、学术研究新方法的引入甚至研究主体的变化，总在不断地向我们提出新的问题。即便面对同一时段的历史，不同的研究者也会有不同的发现。

　　学术史研究为中国法律思想史研究打开了一扇新的大门。但首先需要澄清学术史研究与学术综述研究并不相同。"学术综述要求一种中立的立场，尽量客观地反映学科的研究现状。而学术史是对学科的研究成果进行知识社会学的考察，它虽然也注重理论资料，但它不满足于对理论资料的归纳，而是以理论资料为基础，力图勾画出学科的流变过程，强调写作者个人的独特视角和独到见解，这是一种具有个性的学术研究。"②

　　正是基于对时代、思想史、学术史的特殊关注，才有了现在的选题。

---

① 饶鑫贤.20 世纪之中国法律思想史学研究及其发展蠡测［M］//饶鑫贤.中国法律史论稿.北京：法律出版社，1999：481－482.
② 陈兴良.刑法的知识转型（学术史）［M］.北京：中国人民大学出版社，2012：代序.

二、概念厘定及论题界定

为使本书的论述更清晰明确，有必要对本书涉及的重要概念先进行界定，如史学史、中国法律思想史、中国法律思想史学、中国法律思想史学史、学科等。同时本书所涉及的重要维度如时间、空间等也需要清晰说明。

（一）概念厘定

1. 史学史

作为文化专史的"史学史"概念，是 20 世纪 20 年代最早由梁启超提出的。他认为，史学史是研究史学发展规律的一门科学，其主要任务是对史学的起源、发展及其形成一门科学的基本过程和规律予以探讨和总结。同时，梁启超也指出了史学史的具体做法："中国史学史，最少应对于下列各部分特别注意：一史官；二史家；三史学的成立及发展；四最近史学的趋势。"①

由此，本书的论题首先界定在对某一时间段中国法律思想史学的发展予以探讨上。

2. 中国法律思想史及中国法律思想史学

中国法律思想史可以在两种意义上使用。一方面在历史层面，指中国法律思想在历史上的进程；另一方面在学科层面，中国法律思想史是以中国历史上的法律思想为研究对象的一门法律学科，在此意义上，中国法律思想史也可称为中国法律思想史学。

本书所论中国法律思想史，主要在第二种即学科意义上使用这一概念。

_____

① 梁启超. 中国历史研究法补编［M］. 北京：中华书局，2010：153.

3. 中国法律思想史学史

在以上对史学史及中国法律思想史学界定的基础上，本书所论中国法律思想史学史可界定为中国法律思想史学这一学科发展的历史。当然这里的学科是现代高等教育的产物，是对知识体系的一种分类。中国法律思想史学已是大法学体系下不可缺少的一个学科类别。

（二）本书所涉时间维度和空间维度

1. 时间维度

本书的论述把时间界定在 20 世纪上半叶这一时段，具体时间为 1900—1949 年。之所以选取 20 世纪上半叶这个时间段，一方面主要是因为 20 世纪上半叶正是中国法律史学科产生并初步发展的时期，另一方面是因为这一时期是中国各类思想、学术思潮激烈交锋和碰撞的时期。不论是从学科发展的角度还是思想解惑的角度，都需要我们回归事物的起点来解析，只有这样才能形成对事物本身更深刻的认识。

2. 空间维度

本书所述中国法律思想史学史，主要限于对中国大陆地区法律思想史学研究成果的考察和分析，主要包括大陆地区学者的研究成果。作为对比，也部分涉及港澳台学者和海外学者对中国法律思想史学的研究。

三、文献资料与学术梳理

（一）一手文献概要

20 世纪上半叶，中国社会无论在社会政治领域还是思想文化领域，都在发生深刻的变革。中国法律思想史学在这一时期也经历了产生与发展的渐进过程。

梁启超对法律史学科的发展具有奠基之功。1901、1902 年，他先后发表了《中国史叙论》和《新史学》两篇文章，把历史分为专门史和普遍史，更认为经济史、哲学史、法律史等专门史是与普遍史或文化史相对应的，是明了全部历史的基础。他的这一重大论断奠定了法律史学科产生的基础。梁启超也在自己开创的专门史——法律史领域进行了耕耘。《论中国成文法编制之沿革得失》和《中国法理学发达史论》是梁启超在法律史领域的奠基之作。如果说《论中国成文法编制之沿革得失》是一部中国法制的专门史，那么《中国法理学发达史论》则是中国法律思想的专门史。《中国法理学发达史论》重点论述的是中国"法"及法观念的起源，先秦儒、道、墨、法的法律主张尤其是法家的"法治主义"由兴而衰的历史过程。他的其他著作如《墨子学案》《先秦政治思想史》《清代学术概论》等，特别是《先秦政治思想史》，对中国法律思想也多有论及。当然，作为一门学科，梁启超的作品还远远不够完善并缺乏系统性。

比较能够代表这一时期中国法律思想史学科发展的是几部中国法律思想史方面通史专著。如丁元普的《法律思想史》、秦尚志的《中国法制与法律思想史讲话》以及杨鸿烈的《中国法律思想史》等。丁元普在《法律思想史》一书中主要讨论了法学的概念、中国法学的起源及法律思想与社会的密切关联等问题。他也较早对中国法律思想史进行了分期研究。他把中国法律思想史划分为三个阶段：法律原始时期、法律成立时期和法律进化时期。儒墨道法等传统流派一直是法律思想史的重点关注领域，丁元普在其《法律思想史》中对各派进行了对比分析，形成独到的见解。在丁元普这里，儒道墨法诸家不再是互相攻伐的流派，而是法学思想发展史上前后相继、互相影响的整体。对西方法学流派（注释法学派、历史法学派、分析法学派、哲学法学派、社会法学派）的介绍与评析也是丁元普著作中的一个重要部分。同时他用西方法学流派的思想分析中国法律思想，在类比中虽有牵强附会之嫌疑，但不得不承认它是认识中国古代法律思想的一个新角度。

秦尚志的《中国法制与法律思想史讲话》，是为数不多的在中国法律思想史作为学科正式确立前以中国法律思想史命名的著作。在这部著作中，他特别注重挖掘法律思想背后社会背景的变化，对历史人物的分析，都有社会背景的概括。比如他对道家的概括是："道家所代表的，大概是封建制度动摇时正在没落中的小贵族。他们否定商业王国，主张无为……不要王权政治。"因此在法律思想上，老子最推崇自然法，认为人为法违反本性，徒劳无功。他对墨家的概括是："战国时代都市无产自由民的组织……墨家也是有宗教性质的团体。他尚鬼尊天，依托大禹……墨家重实利，他的思想全从实利主义出发。"同时他注意到每一学派学说的传承性，比如法家从慎子、申不害到商鞅再到韩非，申不害任术而任法，商鞅任法而任术，而韩非主张法术并用。韩非除了吸收前人的法术观，还重视势的运用，所谓以势行法、抱法处势。从横向看，他也注重各派的对比研究，比如儒法的人治与法治，不同派别之间的相互吸收利用，如韩非法治论对道家无为思想的吸收，所以他指出韩非法治论的终极在于无为而治，但并非道家的无为观。除了《中国法制与法律思想史讲话》，秦尚志在《中国政治思想史讲话》中对中国法律思想也有涉及。

1936 年，杨鸿烈的《中国法律思想史》，可谓中国法律思想史学科的开山之作，自此中国法律思想史学的独立研究才真正开始。在这部著作中，杨鸿烈真正全面注意到了关于法律的特有问题的思想史研究。正如他所说，思想史本身就是问题史，如果没有问题意识，是不能研究思想史的。同时他对这一学科的研究对象、研究方法等学科发展的基本问题给予了详细阐述，为学科研究的全面展开奠定了基础。因对杨鸿烈的

《中国法律思想史》一书下文还要专门论及，在此不再赘述。

陈顾远虽没有法律思想史的专门论著，但其《中国法制史概要》一书中，试图将法律制度与法律思想熔于一炉，力图发展中华法系精神，这种把制度史与思想史相结合的研究方法也是特别值得重视的。

断代史研究，特别是先秦法律思想研究，在这一时期有不少成果。专著有丘汉平的《先秦法律思想》、王振先的《中国古代法理学》、蔡枢衡的《中国法理自觉的发展》等。另外还有部分论文，如赵谋的《春秋战国法律思潮之讨论》、翦伯赞的《先秦"法"思想之发展》等都对这一时期的法律思想有概括的研究。对先秦法律思想的研究，儒墨道法等流派研究也是重要的一方面，这方面的成果也较多，特别是法家法律思想研究。如夏忠道的《韩非子法意》、李之臣的《先秦法家概论》、陈烈的《法家政治哲学》、张陈卿的《韩非的法治思想》、陈启天的《中国法家概论》、曾思五的《韩非法学原理发微》等。梁启超的《墨子学案》《先秦政治思想史》、章太炎的《〈齐物论〉释》、梅仲协的《管子的法治思想》、曹德成的《儒家非讼的法律思想及其影响》等论著对其他学派的法律思想也有涉及。对流派的研究不得不提及郭沫若的《十批判书》，我们要了解的不只有其对各流派的深入分析，而且还有他的研究方法以及对资料的把握和运用。其他朝代的法律思想研究相对较少，除了吴经熊的《唐以前法律思想的发展》一文，尚没有哪个朝代的法律思想史专门研究，但有某些朝代的制度研究，如汉唐的宰相制度、两宋的监察制度等。正如陈顾远所说，法律制度与法律思想应是有机地融为一体的，也许通过对制度的分析，可见法律思想的端倪。

除了以通史或断代这一时间维度为划分的研究，对法律思想史领域某些具有普遍性的专门问题的关注，也体现在这一阶段的研究中。有的以专著的形式出现，如吴经熊的《法律哲学研究》，在"中国旧法制底哲学基础"和"中国新旧法制在哲学上之基础"部分探讨了中国法律的哲学基础。在"中国旧法制底哲学基础"部分,他认为,中国旧法制自汉唐直至明清,始终都有一贯的传统精神和独到的特色,而天人交感的宇宙观、道德化的法律思想、息事宁人的人生观共同构成了中国古代法制的哲学基础。三民主义哲学则是新法制的哲学基础。对中国人法律精神的考察也是重要的专题,钱穆《中国人之法律观念》可为其代表。中国古代法律精神的整体考察,以瞿同祖的《中国法律与中国社会》为代表,在这部经典著作中,瞿同祖不但深刻指出中国古代法律的家族特征,同时在学科方法上,开启了社会学的研究方法,可以说为学科的发展打开了一扇大门。除了对中国古代法律精神的整体考察,对一些普遍性的法学基本问题,如法的起源、人治与法治、法律与道德等,也有不少学者论及。梁启超在其《先秦政治思想史》一书中就讨论了法的起源问题,易庵的《法之起源与发达》则专文对此进行论述。人治与法治问题历来就是关注的焦点,这一时期的学者对此也多有论及。论题涉及人治与法治的对比、中国古代的法治内涵、何为现代法治及法治精神、如何推进现代法治等一系列问题。如梅汝璈的《中国旧制下之"法治"》、王世杰的《何为法治?》、蒋炯的《近代政治上之法治主义论》、吴恩裕的《我们如何推进法治》、徐谦的《法治与人治》、朱荣昌的《中国古代之人治与法治》、曾炳钧的《人治与法治》等文。

需要特别指出的是,这一时期很多学者并非专门的中国法律思想研究者,但他们同样贡献了不少真知灼见,所以我们的视野虽围绕着学科发展,但不囿于中国法律思想研究者这一头衔,政治思想文化领域的许多人物值得我们关注和思考,比如梁启超、章太炎、郭沫若、萧公权、侯外庐等。在资料运用方面,法律思想史专著当然是关注的重点,但在思想文化激荡的特殊年代,报纸是表达思想的重要渠道,所以必须引起重视,《生活》《时务报》《新民丛报》《国民报》《新青年》《东方杂志》《法政杂志》《民报》等都是值得关注的。

(二) 学术梳理

自 20 世纪 80 年代开始,各学科的反思性研究渐起。在此启发下,相关学者也开始了中国法律思想史学科发展问题的研究,并有相关论著问世。其研究视角有对学科的概括研究、方法论研究、代表人物及其论著研究等,还有学者做了目录整理的基础工作。

社会科学文献出版社出版的赵九燕、杨一凡编的《百年中国法律史学论文著作目录》①,为我们提供了研究中国法律史不可缺少的工具书。该书收入了 19 世纪末至 2010 年年底一百余年来,在各种中文报刊、论文集发表的法史论文及公开出版的法史图书目录 24000 余条,特别是有大量的清末至"文革"前发表的法史著述目录、港台学者发表的法史著述目录、数百种论文集中发表的法史著述目录,以及法史图书2000 余种、博士硕士论文目录 2000 余种,很多内容从网站上都检索不到。该书按论文目录、图书目录分别编写。论文目录分为"通论""中国古代法制史""中国近现代法制史""中国古代法律思想史""中国近现代法律思想史""中国少数民族法律史""博士硕士论文""法律文献及著述评介"八部分,图书目录按著作、译著、教材、法律文献及整理成果、工具书及案例选编等收录。每部分又按照成果的内容、类型和便于读者查阅的原则分类编写。该书是编者 20 余年在查阅数千种报刊、论文集和搜集各类图书信息,并征集数百名当代学者成果的基础上编成的,是一部内容比较齐全的法史著述索引,是学习和研究中国法

---

① 赵九燕,杨一凡. 百年中国法律史学论文著作目录 [M]. 北京:社会科学文献出版社,2014.

律史者不可缺少的工具书。何勤华、王立民主编的《法律史研究》① 一书，在附录中也有详细的法律史研究的论著列表可资参考。

　　曾宪义的《百年回眸：法律史研究在中国》② 是较早也是较全面对法律史学科进行学术梳理的著作，并设有清末民国卷。但由于编者的立足点是文献整理，且研究范围广，既包括中国法制史也涵盖中国法律思想史，所以多是概括性介绍，在理论评析的深度上仍有欠缺。1983 年法律出版社出版的《中国法律思想史资料选编》一书也有重要的工具书作用。2006 年，何勤华的《中国法学史》③（三卷本）问世。整套书图文并茂，具有极高的文献价值和学术价值。在该书第三卷第七章第七节"法史学"部分中，作者对近代法学的诞生、成长、代表作品述评、法史学发展的基本特点等方面展开论述，对我们了解和深入研究近代法史学有较大帮助。

　　饶鑫贤的《二十世纪之中国法律思想史学研究及其发展蠡测》④ 一文，则是较早专门讨论 20 世纪中国法律思想史学科问题的文章。他认为，20 世纪，对中国法律思想史学科的研究而言，是由觉醒、开拓，而振兴、发展，以至硕果累累、成绩斐然的时代。依据学科发展进程，他把 20 世纪中国法律思想史学研究的历程，大致分为早、中、晚三个时期。早期：20 世纪初至 30 年代开始，为学科研究的初步开拓时期；中期：30 年代初至 70 年代中，为学科研究的逐渐演进时期，其中最后十年为"文化大革命"造成的研究中辍阶段；晚期：70 年代中至 20 世

---

① 何勤华，王立民．法律史研究［M］．北京：中国方正出版社，2008.
② 曾宪义．百年回眸：法律史研究在中国［M］．北京：中国人民大学出版社，2009.
③ 何勤华．中国法学史：第三卷［M］．北京：法律出版社，2006.
④ 饶鑫贤．二十世纪之中国法律思想史学研究及其发展蠡测［M］//饶鑫贤．中国法律史论稿．北京：法律出版社，1999.

纪末，为学科研究的全面发展时期。对三个时期，他又分别从社会背景及其对学科发展的影响、学科特点、研究的代表性成果、研究方法等方面进行详细分析。梁治平的《法律史的视界：方法、旨趣与范式》① 一文，从研究方法、研究旨趣与研究范式出发，揭示了中国现代法律史所包含的诸多传统以及彼此之间的关联，并对我国香港、台湾地区以及日本、欧美等国的中国法律史研究进行了概括介绍。王志强的《二十世纪的中国法律思想史学——以研究对象和方法为线索》② 一文，从研究对象和研究方法出发，对 20 世纪的中国法律思想史学进行了梳理评析。作者认为，整体而言，在中国法律思想史学科的草创阶段，研究对象的重点在先秦诸子，对学派的研究即是对有关诸子思想的综合；同时也出现了一些对中国传统法律思想进行宏观把握的作品。在研究方法上，这一时期主要是对重要典籍特别是诸子文集等基本史料的重新整合、分析，采用了现代法学的一些概念，并以新的历史哲学、法哲学为指导进行了极有意义的探索。1936 年，杨鸿烈《中国法律思想史》一书由商务印书馆出版。该书明确了中国法律思想史学科的研究范围，提出了一套适合本学科的研究方法，并以此为前提进行了卓有成效的探索，在中国法律思想史学的发展过程中具有里程碑式的意义，标志着这一学科的正式确立。此后直至 1949 年，中国法律思想史的研究范围及研究方法基本在杨鸿烈确立的框架下进行。2003 年，韩秀桃在《中国法律史学史——一个学科史问题的透视》③ 一文中，首次明确提出从史学史的角

---

① 梁治平. 法律史的视界：方法、旨趣与范式 [M] // 梁治平. 在边缘处思考. 北京：法律出版社，2003.
② 王志强. 二十世纪的中国法律思想史学——以研究对象和方法为线索 [J]. 中外法学，1999 (5)：6 - 15.
③ 韩秀桃. 中国法律史学史——一个学科史问题的透视 [J]. 法制与社会发展，2003 (6)：127 - 134.

度出发构建中国法律史学史的设想，并从法律研究者自身、文献考据和理论构建、学术传承和学术创新等方面阐述了中国法律史学史的研究进路。李伟在《传统法律思想研究的近现代嬗变》①　一文中指出，在中国法律思想史学科一百多年的发展历程中，以人物为中心的研究体例为学科发展和法律思想的传承奠定了良好的基础，后来逐渐转向以问题为研究中心、以法理阐释为目的的研究方式，并衍生出法律思想史的国学、法哲学、部门法和法文化等研究维度。作为本民族文化传统的一部分，继往开来的传统法律思想研究应该在构建"中国"语境下的现代法学图景过程中产生更大的价值。

　　整个法律史学的走向问题是关系学科发展的大局问题，特别是学科的法学化还是史学化问题一度引起学者的关注。胡永恒的《法律史研究的方向：法学化还是史学化》②、阮兴的《法学与史学之间：20 世纪上半期中国法学的跨学科研究趋向——以陶希圣学术研究为个案的探讨》③、王宏治的《试论中国古代史学与法学同源》④　等论文都从某个角度说明了法史学与史学之间在研究领域、研究方法方面的共通与相互借鉴之处。不但如此，学者们甚至认为法学与史学之间也是同源的。"史官文化是中国上古文化之源。经学、史学与法学的分袂，是在魏晋南北朝时期，但在图书分类领域，史学与法学始终密切相关，法典与法学著作一直是列于'史部'。这既说明法学与史学同源，也说明史学是

---

① 李伟. 传统法律思想研究的近现代嬗变 [J]. 北方法学，2013（6）：117 – 123.
② 胡永恒. 法律史研究的方向：法学化还是史学化 [J]. 历史研究，2013（1）：178 – 189,193.
③ 阮兴. 法学与史学之间：20 世纪上半期中国法学的跨学科研究趋向——以陶希圣学术研究为个案的探讨 [J]. 西部法学评论，2008（5）：46 – 50.
④ 王宏治. 试论中国古代史学与法学同源 [J]. 政法论坛，2003（2）：170 – 178.

法学之源。"①

　　除了以上对学科的整体论述外，还有相当多的论著对本学科的分支进行了精细研究，比如对人物、专著、专题等，也为学术研究提供了新的视角。何勤华的《杨鸿烈其人其书》②、王健的《瞿同祖与法律社会史研究——瞿同祖先生访谈录》③、宁红玲的《瞿同祖的法律史社会学方法述评》④、孙国东的《功能主义"法律史解释"及其限度——评瞿同祖〈中国法律与中国社会〉》⑤ 等论著都对某一个人或者某部著作进行了特别关注，为问题的深入研究打下了基础。

四、研究方法与研究框架

（一）研究方法

　　"研究一种科学，固然应当有一定的目的，但也不可没有一定的方法，没有一定的目的，那么无的放矢，当然一事无成；便是有了目的，而研究不得其法，毕竟也难有成功。法律也是科学的一种，当然也不在例外。"⑥该书在对相关资料整理、统计、分析的基础上，除了采用传统的研究方法，如法学的方法、历史学的方法、比较研究方法等，主要还采取了以下两种方法。

① 王宏治．试论中国古代史学与法学同源 [J]．政法论坛，2003（2）：170 - 178.

② 何勤华．杨鸿烈其人其书 [J]．法学论坛，2003（3）：89 - 96.

③ 王健．瞿同祖与法律社会史研究——瞿同祖先生访谈录 [J]．中外法学，1998
　　（4）：13 - 20.

④ 宁红玲．瞿同祖的法律史社会学方法述评 [D]．长沙：湘潭大学，2007.

⑤ 孙国东．功能主义"法律史解释"及其限度——评瞿同祖《中国法律与中国社会》
　　[J]．河北法学，2008（11）：196 - 200.

⑥ 孙晓楼．法律教育 [M]．北京：中国政法大学出版社，2004：39.

1. 法社会学的方法

"作为法学的一个分支，法社会学是把法律制度、法律规则、法律惯例、法律程序和法律行为作为构成社会整体中的某些要素来对待，研究法律在特定社会中的功能、影响和效果的一门学科。"①同时社会中的各种状况也成为法学研究所思考的元素。法律是社会的产物，也是社会的断片。不管庞德（Pound）的"法律是社会机械的工具"、穗积陈重的"法律是社会生活之规范"，还是卡多佐（Cardozo）的"法律的目的是社会的福利"，总之，不管作为工具还是目的还是其他社会需求，可以肯定的是，法律是离不开社会的。所以，研究法律，不能只专注于法律条文的分析和穿凿，应当于法律条文之外，于社会的变迁、社会的现状、社会的趋势，都应当有相当深的认识。本书对 20 世纪上半叶法律思想史学的分疏并不限于狭义的学科范畴，考量当时特定的社会因素是必不可少的。法律是时代的产物，我们不能孤立地专门从法律上研究法律。在本书中这也是贯穿始终的。除了关注社会本身以外，作为法律研究者还应知悉，"法律是各种社会科学的结晶，政治学、经济学、社会学，都是法律的原料……研究法律也一定要研究各种社会科学像政治学、经济学、伦理学、宗教学、心理学、社会学等科目"②。我们研究法律，应当以社会科学作基础。中国法社会学兴起于 20 世纪 80 年代，它的理论资源来源于哲学与社会科学，所以厚实的学科基础也是必备的。

2. 法哲学的方法

史学史的研究包括对资料的梳理，但不限于对资料的梳理，更重要

---

① 汤唯. 法社会学在中国——一个学说史的反思 [D]. 上海：华东政法大学，2005.
② 孙晓楼. 法律教育 [M]. 北京：中国政法大学出版社，2004：28.

的是对资料背后蕴含的哲理、法理进行深入的探讨和分析。"法哲学史中储存着人类关于法的理论思维的智慧遗传密码，以及法的文化遗传密码，当代人不应当拒绝，实际上也无法拒绝。"①胡旭晟把法史学的研究分为两类：描述性的法史学和解释性的法史学。"大致而言，描述性的法史学是以史料的考证为根本，而解释性的法史学则以对历史现象的学理分析和文化阐释为特征；如果说描述性的法史学也是学者对法律史的解释，那么解释性法史学则是对'解释'的解释。"②作为思想史的一部分，法律思想史的研究对解释性法史学的重视自是不言而喻的。

恩格斯曾经指出，理论思维仅仅是一种天赋的能力。这种能力必须加以发展和锻炼，而为了进行这种锻炼，除了学习以往的哲学，直到现在还没有别的手段。法哲学的进路当然要求研究者有深厚的社会科学理论功底，笔者深知自己在这方面的欠缺。

法哲学的研究应与民族的法文化思维传统相契合。在最高层面关注法的价值层次，比如古代对仁、义、天道、天理等的思考，是否关联中国古代法哲学的深层思考，它们是不是判断是非善恶的标准？在司法层面，春秋决狱、秋冬行刑等思想是不是仁义、天道的体现？在最沉重的国难面前，20 世纪上半叶的知识分子对法律思想史学的思考必然带有时代的印痕，他们多数人都经过良好的国学和中西法学哲学的训练，对问题的思考必不是单一、肤浅的，这些都将是本书着力描写之处。

（二）研究框架

本书在对资料分疏及相关研究方法的指导下，主要构思了以下部分：导论、五章及结论。

---

① 俞荣根. 历史法哲学——法的智慧之学 [J]. 中外法学, 1992 (1): 36 – 37, 69.
② 胡旭晟. 描述性的法史学与解释性的法史学——我国法史研究新格局评析 [J]. 法律科学（西北政法学院学报）, 1998 (6): 38 – 43.

　　导论部分着力于从整体上介绍本书的选题原因、学术梳理、研究方法、研究框架等。可对本书有一个整体把握。

　　第一章主要介绍学科正式兴起之前的背景。分别从社会背景、文化背景、学科状况三个方面分析它们对学科兴起的影响。

　　第二章主要介绍学科兴起后学科的整体发展状况，比如学科特征、代表人物等。通过这部分的介绍可对学科在这一时期的发展有一个宏观的把握。

　　第三、四、五章则是 20 世纪上半叶法律思想史学研究成果的考察与分析，分别从通史、断代史、专题三个角度深入。这是本书的重中之重。

　　最后结论部分则以史为鉴，结合目前学科发展的前景及困惑，以期寻找学科突围的方式。

第一章

中国法律思想史学科的起步

中国法律思想史作为正式学科的兴起，离不开社会、文化等背景的铺垫，社会问题的论证、文化思潮的碰撞，都为中国法律思想史学科的兴起做了必要的准备。

第一节　社会背景与中国法律思想史

一、礼教派与法理派之争

在晚清的法律改革过程中，曾发生过许多争论，比如礼法之争、废除刑讯、司法独立、删除比附等。在这些争论中，以礼法之争最为激烈和著名。这些争论基本都与中西异质法文化的冲突有关，礼法之争更是这种冲突的典型表现。

礼法之争中的礼指礼教，法指法理。中国封建法律中的礼教，是法典化了的三纲五常等纲常名教。法理，乃"法律之原理"（沈家本·《陈阁学新刑律无夫奸罪说》），是西方资产阶级的法学用语，它随近代"西学"输入中国而为中国法律学者所采用。

礼教和法理代表两种不同的法律思想。前者是封建法律思想，以维护宗法家族制度进而维护整个封建制度为目的。后者是资产阶级法律思想，以维护"人权"为号召，进而达到维护资产阶级所有权、维护资本主义制度的目的。

礼法之争，以时间及争论的内容、方式划分，可分如下几个阶段。

第一阶段：光绪三十二年（1906 年）修订法律大臣沈家本、伍廷芳"模范列强""斟酌编辑"，学习西方，制定了中国法律史上第一个单行诉讼法《刑事民事诉讼法》，并在中国法律史上第一次采用了西方的公开审判、律师制度和陪审制度。这个诉讼法遭到以张之洞为首的礼教派的强烈反对，并以《复议新编刑事民事诉讼法折》上书光绪皇帝，全盘否定这个法典。最终，清廷未予公布这项法典。

第二阶段：光绪三十三年（1907 年），沈家本等先后上奏《大清新刑律草案》和该草案的按语。草案采用西方资产阶级刑法体例，分总则、分则。更重要的是草案的内容以资产阶级法律的原理原则而制定。对于传统刑律中的十恶、亲属容隐、干名犯义、存留养亲以及亲属相奸相盗、卑幼对尊亲属不能使用正当防卫等规定要么否定、要么减轻处罚等。这种指导思想为礼教派所不容。最后清廷又以"附则五条"的方式挽救了传统的纲常礼教。这次修正案，定为《修正刑律草案》，以此结束了这个阶段的争论。

第三阶段：宣统二年（1910 年），《修正刑律草案》交宪政编查馆核定，宪政编查馆参议劳乃宣以草案正文"于父子之伦、长幼之序、男女之别有所妨"，背弃礼教；《附则》规定旧律礼教条文以单行法方式适用中国人是本末倒置，要求直接修入新律正文。虽然沈家本对此愤怒异常，但面对礼教派的群起攻击，最后，宪政编查馆基本采纳了劳乃宣的意见。《修正刑律草案》经核定，成为《大清新刑律》，附则改为《暂行章程》。

第四阶段：资政院在对《大清新刑律》议决时，宪政编查馆特派员杨度到议场说明新刑律的国家主义立法宗旨，尖锐批评封建旧律的家族主义原则。由此又引起他与劳乃宣等礼教派在立法宗旨上采取国家主义还是家族主义的激烈辩论，以及传统问题子孙能否对尊长正当防卫、无夫奸是否定罪等问题。这次新旧之争尤甚激烈，导致秩序大乱。最后，因观点无法调和，只好投票表决。

政治上的争论暂告一段落，但礼法之争的实质并未结束。"反思当时辩决的实质，即使在百年后的今天，仍是'乍新还旧'：如何处理中国法律传统与西方法律的关系，中国立法的根本等依然是当代法治建设不容回避的核心问题。"①站在学科发展的角度，法理与礼教、法律与道德、传统与现代、中国与西方、本土化与国际化、传统法与近代法、法律移植与本土资源的博弈也始终是中国法律思想史学不容回避与持续思考和探索的问题。

今天，我们所处的社会似乎已经进入了一个相当理性与冷静的时段，摧毁的时代开始成为过去，建设的时代已经来临，褒贬双方的情绪也就显得不那么激动了。人们不再将古代幽灵与现实政治硬往一起拉，从而，没有了必欲置辩论对手于死地的冲动。这样的情形，十分令人欣慰。它至少使人们不必过分敏感，使我们在注视历史事件时，可以从众多角度来打量它。从而，客观了许多，也从容了许多。特别反映在学术研究上，人们更是少了一些戾气，多了一些平和。在法理派与礼教派曾经轰轰烈烈的争端问题上，随着人们心态的平静、资料的不断充实，人们的看法也逐渐丰富多彩。

传统理论一般把法理派与礼教派作为水火不容的对立双方。法理派因主张激进变革与变法，代表了现代与先进，是进步人士支持和追捧的

---

① 严文强. 清末礼教派法律思想的理性思考［J］. 江汉论坛，2007（1）：62－65.

对象，其代表人物沈家本也被称为"中国法制现代化之父"，他的思想也被后人所重视并系统介绍；礼教派则往往被认为固步自封、因循守旧，固守传统礼教，反对任何变革，他们自然代表了任何传统与落后，是顽固不化的落后分子，是为进步人士所诟病的，他们的思想并未引起人们的重视，更勿说系统介绍。也有学者站在阶级立场上认为，法理派代表新文化进步思想，是资产阶级法律思想，以维护人权为号召，进而达到维护资产阶级所有权、维护资本主义制度的目的；礼教派体现了封建主义和帝国主义的意图，反对用西方法律改造旧法，以维护封建地主阶级和帝国主义的利益，保护封建主义、官僚资本主义和外国垄断资本主义。①

以沈家本、杨度为首的法理派主张法律的激进变革，坚持刑法立法的人权、平等、自由等西方法价值取向，注重法律的国际化和近代化，自然适应了法律改革的时代需要，对中国未来的法制改革有法教功能，其历史进步性不可否认。

但礼教派是否真如传统观点认为的那么守旧而固步自封呢？恐怕并不尽然。其实，礼教派和法理派都是国家主义的忠实殉道者，在国家积贫积弱、受列强压迫的困境下，都倡言变法，试图拯救清廷。可以说，两派在变法图强以及对法律的地位和作用等认识方面并无本质差异。其实张之洞、劳乃宣等也是清廷"变法新政"任务的忠实执行者。张之洞是最早提出修律的地方实力派。反思甲午战争失败原因，张提出"西人政事美备""十倍精于"其军事技术，这远超当时认为西方先进仅在枪炮制造等器物的看法。《劝学篇》承认西学先进和学西学的必要

①　参见李贵连. 近代中国法制与法学［M］. 北京：北京大学出版社，2002：396，129－131，43.

性，坚定地表达采用"西政""西律"修改中国"旧律"的变法主张。被称为"封建卫道士"的劳乃宣同样主张变法，"今天下事变亟矣，……官司无善政，士无实学；刑不足以止奸，兵不足以御侮，而数万里十数国之强敌环逼而虎视。创闻创见之事，月异而岁不同"。如"犹拘于成法以治之"，则"鲜不败矣"。故，"法不得不变者，势也"。

只是在变法图强上，礼教派反对只知西学，不通中学，"中体西用"才是他们的立足点。张之洞视法律为"纳民于轨物之中"，须"与经术相表里"。劳乃宣提出立法，"本乎我国故有之家族主义"。

综上所述，争辩双方在变法图强这一根本旨归上并无根本冲突，其争论的根本点只不过是在中体西用还是西体中用上。法理派主张较多采用西法，对中国政体进行更深层次的变革。而礼教派同样主张引进西法，只不过在引进西法时，要充分照顾中国礼教风俗，所以他们之间只是变革程度上的激进和渐进之争，而非非此即彼的是非之争。"在国家主义和家族主义的关系上，礼教派并不反对国家主义，只是同时希望保持固有的家族主义，并通过将家族主义扩而大之，修而明之，实现现代的国家主义。"①

争论的结果是，大清律中的十恶、亲属容隐、干名犯义、存留养亲以及亲属相奸相盗相殴等有关伦常礼教的，不能蔑弃，"应逐一载入刑律正文"。"无夫奸"是道德教化问题，而道德教化需要法律维护，因此无夫奸必须治罪。最后，在引进西法的同时，礼教派的基本主张得到了保留。中国法律近代转型中的第一次大争辩"礼法之争"基本以礼教派的胜利而告结束。但并非说《大清新刑律》就是封建的、保守的，因为它的基本框架仍然采用西法，西法中的重要原则与制度，如规定刑

---

① 吴志辉．清末"礼法之争"的评价与启示［J］．人民论坛，2013（26）：170－172.

法的效力范围、罪刑法定原则、加减刑的条件、诉讼时效等引进到新刑律中。正是两派的争辩，使得最后通过的《大清新刑律》附带五条暂行章程，并没有完全西方化，也没有完全固守传统纲常礼教，它是折中的。即便今天来看，这种结果也未必是完全否定的，激进变革导致的传统断裂、人们心理的无所适从依然值得我们深思。法律必须是植根于现实生活的。"如果希望法律生效，立法必须以一般现行生活状态为蓝本。倘使反其道而行，其执行必极端的困难。"①特别在时不我待的激进变革时代，传统、道德、教化、礼义更需要我们全力保全而不是作为时代的包袱全盘打碎与抛弃。

退一步说，即便今天的法律依然保留了亲属容隐、干名犯义、存留养亲以及亲属相奸相盗相殴等有关伦常礼教要治罪的内容，就一定断言我们的社会必然处在落后、愚昧的境地吗？致力于中国传统文化的郭齐勇教授，在今天依然大力主张在刑事诉讼法中恢复亲属容隐制度，所以才有了 2012 年《刑事诉讼法》修正案第一百八十八条的明确规定："经人民法院通知，证人没有正当理由不出庭作证的，人民法院可以强制其到庭，但是被告人的配偶、父母、子女除外。"这充分说明了以儒家文化为主流的中国传统文化与当下的现实关怀是对接的和相通的。

从更深层次的理论上看，法理派与礼教派之争还涉及法律与道德的关系这一艰深而又永恒的话题。这一话题从某种程度上反映了他们对法律实质的看法。礼教派认为法律与道德虽非一事，也并非毫不相干、水火不容，其实，二者相为表里。同时，道德入律也并非中国独有，即使西方国家也不乏道德规则转变为法律的例证，法律的道德性也为近代西方自然法学派所强调。无须刻意拔高，即便站在今日道德层面，礼教派

---

① 黄仁宇 . 中国大历史［M］. 北京：生活·读书·新知三联书店，2007：76.

的观点也是更符合传统道德文化的，他们的法律也是更具有道德约束力的。"法非从天下，非从地出，而发乎人间，合乎人心而已"，真正的法律不是用墨水写在纸上，而是用道德写在人的心中。未能"发乎人间，合乎人心"，没有道德作支撑，移植来的法失去了"大本""主体精神"，就成了"无血肉的枯骨"。①罗斯科·庞德（Roscoe Pound）专门针对中国的情况指出："人民并不为法律而存在，法律是为人民而存在，用以维持并促进他们的文化……关于发展及适用中国法典的技术，必须是适应中国的技术，而非从普遍适合于全世界的观念中移植过来……只有中国精神才能使中国法律有效地治理中国人民。"②这里的中国精神，毋庸怀疑必然包含礼的成分，而家族意识、亲亲、尊尊等观念自是应有之义。所以礼教派在对法律的认识上更好地做到了法律与道德、法律与传统的统一。

当然，我们不能站在今人角度去苛责一百年前的"法理派"，认为他们直接引进"最精确法理""世界通行之法规"，让法律成为独立、专门的社会规范的做法，是将法律与道德分离的，是幼稚的。毕竟，前人的思想、眼光、功过是非都不可能超越其所处的时代。

二、对中国法律思想史学科的影响

今天法律思想史学科已获得了充分的发展，但法律与道德、现代与传统、法的移植与本土化等问题依然是法律思想史学科历久弥新的问题。这大概也是一百年前法理派与礼教派之争开始为学科发展奠定的基

---

① 参见王伯琦. 近代法律思潮与中国固有文化 [M]. 北京：清华大学出版社，2005：77.

② 翟志勇. 罗斯科·庞德：法律与社会——生平著述及思想 [M]. 桂林：广西师范大学出版社，2004：313.

本问题。特别在经历了法学学科充分的发展变革及现代化和西方化之后，更是到了冷静下来、反思单纯移植外国法、抛弃本国传统的弊端的时候了。这里并没有贬抑那些为中国的法制改革做出过卓绝贡献的法律改革家们的意思，只是不同的时代思考问题的着重点需要转移罢了。

第二节　文化思潮与中国法律思想史

在文化领域，中国近代出现的有代表性的社会思潮有三个：激进主义、自由主义和保守主义。这种划分存在诸多争议，这里暂且不论。总之，诸多见解、争论已在这一范畴出现。而文化领域的这一盛况，必然影响法律思想发展的进程，甚至有时它们是同体发展的。

一、文化思潮：激进主义、保守主义和自由主义

（一）激进主义

"文化激进主义"者在近现代中国被经常提及的有陈独秀、鲁迅、吴虞、钱玄同、陈序经等。在本质上他们是一致的，都是反传统和西化主义的理论，对中国传统文化基本持否定的态度，甚至扬言要杀尽孔孟之道。五四新文化运动是文化激进主义集中爆发的时期，那些新派的风云人物展开了整体性反传统和整体性西方化的竞赛，陈独秀即是其代表。他认为中国传统文化中的孔教、帝制与科学、民主冰炭难容，若存其一，必废其一，二者绝无调和的余地。鲁迅在《狂人日记》中借一个"狂人"的口吻形象地表达对传统的排斥："我翻开历史一查，这历史没有年代，歪歪斜斜的每页上都写着'仁义道德'几个字。我横竖

睡不着，仔细看了半夜，才从字缝里看出字来，满本都写着两个字是'吃人'。"①陈序经同样认为全盘西化对于中国来说是十分必要的，"假使中国要做现代世界的一个国家，中国应当彻底采纳而且必须全盘适应这个现代世界的文化"②。

对待激进主义，在当时的情况下，无可否认，它踏准了时代的节拍，顺应了时代的潮流，五四新文化运动是中国启蒙思想史上的重要阶段，它高举民主与科学的理论旗帜，深入批判了以儒学为代表的传统文化的内在缺失和消极影响，并成功地实现了文字改革，推进了文学革命，为马克思主义在中国的传播开辟了道路。

当然站在历史后面的学者，批判它割裂了传统和历史连续性，使中国文化发生了严重的断裂。有的论者认为，这个运动激进地"全盘反传统""全盘西化"，造成中国文化的"断裂"，妨碍"传统的创造性转化"，是中国现代化不能顺利实现的重要原因。

对中西方文化采用绝对好和绝对坏的二分划分，确实有形式主义的嫌疑。台湾地区文化自由主义学者殷海光对此论述道："如果说全盘西化是必要的，那么这一要求（Claim）只有在下列条件之下才有意义：西方文化百分之百的'好'，而中国文化百分之百的'坏'。事实上是否如此呢？显然不是。如果西方文化是百分之百的'好'，那么西方世界应该是天堂。如果西方世界是天堂，那么对外不应该有侵略，对内不应该有战争，并且不应该有社会罪恶。可是，西方世界对外有侵略，对内有战争，并且有社会罪恶，足见西方世界不是天堂。既然西方世界不是天堂，足见西方文化不是百分之百的'好'。如果中国文化是百分之

① 鲁迅. 狂人日记 [J]. 新青年，1918，4（5）：52－62.
② 杨深. 走出东方——陈序经文化论著辑要 [M]. 北京：中国广播电视出版社，1995：195.

百的'坏'，那么中国文化分子应该一天也活不下去。如果中国文化分子一天也活不下去，那么中国文化分子老早应该死绝了种。可是，中国文化分子不仅没有死绝了种并且还有许多。既然中国文化分子还有许多，足见不是活不下去。既然中国文化分子不是活不下去，足见中国文化不是百分之百的'坏'。在事实上，既没有一个存在的文化是百分之百的'好'，又没有一个存在的文化是百分之百的'坏'；而是有些文化的功能较畅旺，有些文化的功能萎缩。"①

以今日之眼光，我们更应该用一种冷静、客观的态度来看待历史上之"主义"，它已然成为一个历史概念、一个学说体系，而不仅仅是一种政治主张，或者已然不是一种政治主张。"被用为分析现代社会公共思想史工具的'激进主义'概念，不仅包含某种'态度'或'倾向'，而且包括实质性的理论内涵即'主义'。"②

"知识分子的背离是革命的先兆。事实上，预示反叛来临的倒不是知识分子的背离，而是知识分子作为一个独特集团的崛起。在大多数情况下，知识分子不可能背弃现存的秩序，因为他们从来就不是现存秩序的一部分。知识分子是天生的反对派，他们在社会舞台上的出现，本身就意味着潜在的革命作用，而不是由于他们效忠的对象改变了。知识分子带有革命性几乎是处于现代化之中的国家里的普遍现象。"③这大概和知识分子所具有的人道主义和拯救意识有关，使得他们具有天然的革命性。

---

① 殷海光. 中国文化的展望 [M]. 上海：上海三联书店，2002：357 - 358.
② 高瑞泉. 革命世纪与哲学激进主义的兴起 [J]. 华东师范大学学报（哲学社会科学版），2013（6）：1 - 17，148.
③ 萨缪尔·P. 亨廷顿. 变化社会中的政治秩序 [M]. 王冠华，刘为等译. 上海：上海人民出版社，2008：228.

（二）保守主义

在中国近代史上，保守主义的概念是一个"让人不愿意碰的泥沼"，这一概念的混乱和难以定性足以显现。与保守主义对立的名词是激进主义，但实践上保守主义与激进主义并非你死我活的关系，几乎所有的激进主义者都有其保守的一面，而所谓的保守主义者也并非那么冥顽不化。"事实上，文化保守主义从本质上讲并不保守，它只是对于一种崇古气息的概括，在当代中国发生了巨变的情势下，这种崇古情结本是激进的表现。"①以胡适为例，一般认为他是一个自由主义者。但在文化问题上，他提出要实行全盘西化，将中国的传统文化彻底抛弃，又是一个典型的激进主义者。而在实践中，一个经过中国传统文化浸润的知识分子，不可能真空地接受西方文化，认同危机需要解决。这就决定了他对中国传统文化的态度不是铁板一块。而胡适的解决方法依然是从中国的传统文化出发，去寻找其中可与西方文化对话的东西——清代考据学——来与其相比。因此，胡适也有着或多或少的传统价值取向，用于解决他所面临的认同危机问题。所以，在人类发展过程中，激进与保守常常如影随形。以历史的视界看，激进与保守常常是相对的。②整个中国近代思想史，某种程度上可以说是西方思想文化进入中国的历史而非一马平川占领中国的历史，它是一个不断融入的过程。在这一段时间内，整个中国思想界充斥着西化思潮与反西化思潮、传统与现代、国际化与本土化的争论。这也是激进与保守总是相伴而行的原因所在。但我们不能因此陷入相对论的论域，认为保守主义和激进主义甚至自由主义是不可区分的。在特定时期、特定背景下，激进主义、保守主义和自由

---

① 谢晖. 法治保守主义思潮评析——与苏力先生对话［J］. 法学研究 1997（6）：50–59.

② 参见余英时. 钱穆与中国文化［M］. 上海：上海远东出版社，1994：197.

主义仍有其相对清晰的概念，而思想者的指向也是相对清晰的。本书的主旨并非详细探讨激进主义、保守主义和自由主义本身，因此在此不再赘述，还是回到保守主义本身。

20 世纪以来中国的保守主义派别，主要有以康有为为代表的孔教派；邓实、黄节、刘师培、章炳麟等人组成的国粹派；本位文化派与国民党新保守主义和现代新儒家学派。在现代哲学思潮中，影响比较大的主要是国民党新保守主义和现代新儒家学派，特别是现代新儒家学派，他们以梁漱溟、熊十力、张君劢、冯友兰以及现代的牟宗三、唐君毅等为代表。在本书所涉及的近代范畴，主要指前面四位。和孔教派、国粹派的代表人物相比，现代新儒家更注重理论建树，而非把传统文化作为政治工具。他们倾向于将中国传统文化中的道德伦理学说玄虚化、宗教化，将其提升到形而上学的高度。但这一派所谓的保守主义对西方文化的了解要比他们的保守主义前辈多得多，甚至也不比所谓的激进主义者少。他们基于对中西文化的了解，并在对之比较之后对中国传统文化的认知，对传统中国文化的了解更全面和深刻。他们不反对西方文化中被现代社会普遍认可的某些价值，如民主和科学等，他们所保守的传统中国文化只限于观念文化的层次。同时这些人又是真正的传统文化价值取向的知识分子。他们认为中国传统文化中的某些内容，不仅在过去具有意义，对中国具有意义，而且具有永恒的全人类的普遍意义，它会成为未来人类社会不可或缺的基本普世价值之一。由于这一流派一方面拥有对西方文化和中国传统文化的双重了解和认识深度，另一方面又力图跟上世界的前进潮流，所以一直对中国现代哲学思潮的发展起到了一种辅助的作用，并与马克思主义哲学思潮和西化论一起，成为现代哲学思潮的三大组成部分之一。

（三）自由主义

有学者认为，自由主义是所有基础词汇中最有歧义、最富多样性的概念之一，有多少本自由主义的著作就有多少种自由主义的解释。美国学者约翰·凯克斯（John Kekes）在《反对自由主义》一书中指出："对自由主义的讨论应当从确定所有版本的自由主义都必须满足的一组必要而充分的条件的定义开始。但这样的一组条件并不存在，这就使得自由主义成为不可捉摸的东西。"①由此可见自由主义含义的复杂性。也有学者论述它与保守主义、激进主义概念的纠缠不清。但在特定的时代背景下，自由主义仍有其相对确定的含义。胡伟希指出："个体主义这一特征是整个自由主义思想的核心观念。因此，可以简单地这么说：自由主义就是一种以个体主义为根本特征的社会价值观及与此相适应的一套社会政治思想。"②

在涉及近代中国自由主义时，殷海光列出了六种性质：①抨孔；②提倡科学；③追求民主；④好尚自由；⑤倾向进步；⑥用白话文。欧阳哲生则认为，这六大条件过于宽泛，他认为中国式的自由主义，其主要特征是：在个人自由与社会群体的关系中强调以个人为本位，在社会渐进与激进革命的选择中主张以改良为手段，在科学探索与宗教信仰的对抗中鼓吹以"实验"为例证，在文化多元与思想一统中趋向自由选择。③总之，通过以上概括，大致可了解自由主义的特质。

在中国自由主义的发端和演变问题上，许纪霖的观点较有代表性："如果要追溯中国自由主义的起源，应该从'五四'算起。在此之前，

---

① 约翰·凯克斯．反对自由主义［M］．应奇，译．北京：中国社会科学出版社，1998：1.
② 高瑞泉．中国近代社会思潮［M］．上海：华东师范大学出版社，1996：226.
③ 欧阳哲生．中国近代文化流派之比较［J］．中州学刊，1991（6）：65－71.

严复、梁启超也宣传介绍过西方的自由主义学理和思想，不过，自由主义对于他们而言，是一种救亡图存的权宜之计，而非终极性的价值追求。当个性解放、人格独立普遍确认，而且具有形而上的意义时，中国方才出现了真正意义上的自由主义者。"①他认为自由主义在五四时代还处于朦胧的混沌阶段，到 20 世纪二三十年代分化出几种自由主义思潮，并出现各种各样的自由主义运动，到 40 年代大规模的自由主义运动才风起云涌。在自由主义阵线上，严复、梁启超、胡适、吴稚晖、潘光旦、殷海光等是被广泛提及的人物。从政治层面看，自由主义以失败而告终。但政治上的失败，并不意味着其学理上的无价值和无意义。20 世纪上半叶，自由主义所选择的方向，在今天仍然是需要我们珍视的宝贵思想遗产。

二、文化思潮背景下的中国法律思想史

文化思潮是一个时代的旗帜，文化动态自然反映在一个社会的政治、法律、经济等方面。法律思想史领域的知识分子因法律和政治的紧密关联，也使他们更具有这一优势。在这样一种理论性较强的哲学或文化思潮背景影响下，较注重实践的法学思想史是如何体现和跟进的呢？

（一）近代中国法治激进主义

在文化领域，激进主义基本主张西化思潮，所以他们对西方的法治多有崇拜的倾向，并大力鼓吹中国应采取西方的法治。陈独秀曾言："西洋民族以法治为本位，以实利为本位。东洋民族以感情为本位，以虚文为本位。西洋民族之重视法治，不独国政为然，社会家庭无不如

---

① 许纪霖. 社会民主主义的历史遗产——现代中国自由主义的回顾 [J]. 开放时代，1998（4）：13 - 20.

是。商业往还对法信用者多，对人信用者寡……以法治实利为重者，未尝无刻薄寡恩之嫌。然其结果，社会各人，不相依赖，人自为战，以独立之生计，成独立之人格，各守分际，不相侵渔，以小人始，以君子终，社会经济，亦因以厘然有叙。以此为俗，吾则以为淳厚之征也，即非淳厚也何伤。"①在此，个人的利益被凸显，而中国传统的家族本位意识受到冲击。陈独秀同时指出："宗法社会，以家族为本位，而个人无权利……律以今日文明社会之组识，宗制度之恶果，盖有四焉：一曰剥夺个人法律上平等之权利（如尊长卑幼同罪异罚之类）。一曰养成依赖性，伐贼个人之生产力。东洋民族社会中种种卑劣不法惨酷衰微之象，皆以此四者为之因。欲转善因，是在以个人本位主义，易家族本位主义。"②

在这种思想的影响下，一些激进主义者以西方的"自由、平等、博爱""法律面前人人平等""天赋人权"等思想为标准猛烈批判封建法律，痛斥封建法律完全是封建帝王的"寡人私意"，"非迫民以威，即陷民为律"，这种法律"严刑峻法，惨无人理。任法吏之妄为，丝毫不加限制，人命呼吸，悬于法官之意旨"（章太炎.《滇军政府讨满洲檄》），同时积极宣传西方的宪政思想以及民主、法治观念。

（二）近代中国法治保守主义

法治保守主义是起源于西方的理论，区别于以卢梭为代表的依靠武力实现社会变革的激进理论，其代表为柏克（Edmund Burke），他是18世纪英国著名的政治家和保守主义政治理论家，主张注重历史传承而实现社会连续发展的渐进主张。保守主义的后来人还有法国的孟德斯鸠，

---

① 陈独秀.东西民族根本思想之差异［J］.青年杂志，1915，1（4）：10－13.
② 陈独秀.东西民族根本思想之差异［J］.青年杂志，1915，1（4）：10－13.

他强调学习英国的渐进经验，注重吸收法国已有的文化资源。德国历史法学派的代表萨维尼（Friedrich Carl von Savigny）更是崇尚民族原有的习惯法或者说是民族的精神，反对新的立法，甚至主张对现行法只能保留不能修改，强调法律是被发现的而不是被创造的，强调了法律背后起作用的是社会，从而为法社会学的发展开辟了道路。

法治保守主义思潮对法学研究的影响，主要体现在它要求研究主体紧密关注法律所植根的社会历史基础，不应忘记法律的本源——历时性与共时性相统一的社会。

我国出现的法治保守主义主要是指以本土资源为主建设中国法治的理论主张。他们相信中国传统文化的生命力，认为这种长期沿袭下来的文化是不容易从根本上改变的。梁漱溟认为，中西文化走的是不同的路向，因此中国"无论走好久也不会走到那西方所达到的地点上去的"①。中国法治保守主义最典型的体现主要在前述礼教派的思想上。因前面已述及，在此不再赘述。

（三）近代中国法治自由主义

在中国近代扛起自由主义大旗的当然非严复和胡适莫属。他们不但论述自由主义的一般理论，也阐述了自由主义的法治精神。他们普遍提出了发展个性的个人主义理论，提倡以个人为本位的新价值观。在法律思想领域，则批判束缚个性的封建专制制度，主张以自由主义的法律制度代替封建专制制度和其他形式的独裁制度，确立和弘扬自由主义的法治精神。

严复是近代中国资产阶级代表性的启蒙思想家。他把资产阶级的功利主义、自由、平等观念引入中国法律思想领域，并运用西方 18 世纪、

---

① 梁漱溟. 东西方文化及其哲学［M］. 北京：商务印书馆，1987：65.

特别是 19 世纪英国自由主义法学观点，揭露和批判封建专制主义及其腐朽的法律制度，论证中国变法图强的必要性、迫切性以及建立资产阶级法律制度对于国家富强、社会进步的作用。这对于中国近代法律思想领域中反封建的民主思潮的发展，对于推动我国从封建主义法学转变到资产阶级法学的新阶段，促进法学的中西融通，都起了重要作用。

受达尔文的自然进化论和斯宾塞的社会进化论学说的影响，进化论在严复的思想中占重要地位。他用"世道必进、后胜于今"的社会进化观念说明中国法制进化的必要性和迫切性。"这种法制进化观已经没有神秘色彩的宿命论成分，它以近代自然科学的达尔文进化论和斯宾塞进化论为基础，既不同于中国法律史上粗疏的法制进化思想，又摆脱了康有为等人的《公羊》经学形式，这在中国法律思想史上是一个很大的进步，具有重大的法认识论价值。"①

自由主义是 19 世纪西方资产阶级法学的基本特征，其理论基础是进化论、实证主义和功利主义。他仿效西方自由主义法学，以功利主义为理论基础说明法的起源和作用。在严复看来，"趋乐避苦"是人性的基本原则，也是社会发展的趋势。人们之间的利益冲突，需要法律来调整。因此，严复认为，归根结底，法的产生根源于人们的利益和幸福。他不赞成自然法的自然状态说，卢梭所谓"初民有平等之极观"的法起源说自然是他反对的。同时他认为，法律是为民而立的，不是专制统治的工具。法律的尊严和神圣来自"便民"，即反映人民利益的法才是善法、好法。而中国传统的专制主义的法恰恰与此相反，法是君王的意志。严复把西方自由主义、功利主义的法学思想同中国儒家伦理法思想中的民本原则沟通起来，批判专制主义的法，这种认识在当时是颇为深

① 陈金全. 论严复自由主义的法律思想［J］. 现代法学，1993（5）：74－78.

刻的。

胡适认为："宪政和议会政治都只是政治制度的一种方式，并非资产阶级所专有，更不是专为资本主义而创设的，在西方宪政历史上，议会政治曾是中产阶级与封建君主专制做斗争的武器，也曾屡次有工党代表因议会选举而掌握政权。"胡适同时认为："民主宪政不是什么高不可及的理想目标，只不过是一种过程"，"宪政论无甚玄秘，只是政治必须依据法律和政府对于人民应负责任两个原则而已'，并且'宪政随处都可以开始，开始时不妨从小规模做起"。面对当时中国的状况，胡适坚信，只有宪政才能把中国的政治引上正轨。①

在政治上，自由派的胡适对国民党的体制本身进行了尖锐批评。对于宣传"以党治国"口号的国民党训政体制，他批判说这是压制言论自由的独裁政治。他还指出政府的权限与国民的权利之间没有明确法律规定，国家权力和党首脑不受法律约束，要求改善这一现状，因而被国民党戴上了一顶"反革命"的帽子。②

总之，这三种文化上的且波及法学上的思潮，长期影响了中国近代的法律思想史研究，甚至近代的中国法律思想史研究也常常会回到这个框架内。改革开放后，在实务部门中国大力引进西法的同时，学界比如梁治平的《法辨——中国法的过去、现在与未来》、郝铁川的《儒家思想与当代中国法治》、苏力的《法治及其本土资源》等著作多在关注中国传统文化对当代法治建设的作用问题。

---

① 高其才，罗昶．胡适法律思想略论［J］．法制与社会发展，2003（4）：65～71.
② 参见菊池秀明．末代王朝与近代中国［M］．马晓娟，等译．桂林：广西师范大学出版社，2014：267.

第三节 学科发展历程

一、法学的确立：由"四部之学"向"七科之学"的转变

晚清时期，中国学术门类发生了重大变化，即在研究内容上发生了从"四部之学"向"七科之学"的转变，这是中国由传统学术门类向现代意义上的学术门类转变的重要标志之一。

所谓"四部之学"，指研究范围主要集中于经、史、子、集"四部"之内。可见传统意义上的四部之学，从显层看不到法学的身影。法学常隐含在史部之下。当然从名称上也并不以"法学"称谓，而代之以"律学""法制"等称谓。所谓"七科之学"，也是从学术研究的范围来划定的，指文、理、法、农、工、商、医等诸多现代学术门类。显然，法学此时已作为独立的学科而存在。"从'四部之学'到'七科之学'的转变，实际上就是从中国文史哲不分、讲求博通的'通人之学'向近代分科治学的'专门之学'的转变。"①这种转变的一个具体标志就是科举制的废除。光绪三十年（1904 年），慈禧太后七十大寿时增开的"甲辰恩科"是中国历史上最后一科科举考试。光绪三十一年八月（1905 年 9 月 2 日），慈禧太后和光绪皇帝批准了张之洞与袁世凯等人递呈的《请废科举折》奏请，颁诏《清帝谕立停科举以广学校》，宣布自光绪三十二年（1906 年）起"废除科举制"。自此以"四部之学"为核心考试内容的科举制正式退出历史舞台。科举制在历史上曾

---

① 左玉河．从"四部之学"到"七科之学"［N］．光明日报，2000 – 08 – 11．

经起到的作用自不必说，但到中国转了一圈的罗素还是很直接地指出："没有一种制度比八股考试能更全面地、更有效地滞缓一个国家知识上和文学上的发展了"，"但不管怎么说，如同中国传统文化的许多东西一样，科举制必须淘汰，以适应新的形势"①。这种新的形势就是西学的引入。当然这种转变不是在一个文件、一个命令之下倏忽之间完成的，实际上它经历了一个漫长的过程。"这个学术转型及学科整合的过程，从 19 世纪 60 年代开始，到 20 世纪初期大致成形，到五四时期基本确立，而直到 30 年代初才最终完成。"②目前，教育部所设的 13 个学科门类（哲学、经济学、法学、教育学、文学、历史学、理学、工学、农学、医学、管理学、军事学、艺术学），即由"七科之学"演化而来。毫无疑问，法学作为基础学科的地位已确立下来。

二、从"法学"到"法史学"和"法律思想史学"

一门学科的确立其完备与否，其中一个重要标志即是其史学是否存在与完备。所以，法学学科确立后，在清末的京师大学堂、京师法政学堂等高等学校里相继开设了中国法律史方面的专门课程。中国法律史课程的设置，表明中国法律史已发展成为一门独立的学科。

在学科设立初期，虽然有沈家本等前辈法学家的努力，极力实现学科由传统法史学到现代法史学的转变，但当时从整体看，无论从研究方法（单一），还是研究内容看（主要限于刑法史），中国法律史学都还没有成为一个现代性的、具有独立品格的学科。后来经过程树德、杨鸿烈、陈顾远等学者的努力，直至 20 世纪 30 年代末才完成了现代中国法

---

① 罗素．中国问题 ［M］．秦悦，译．上海：学林出版社，1996：34.
② 左玉河．从"四部之学"到"七科之学"［N］．光明日报，2000 - 08 - 11.

律史学的奠基工作。

在中国法律史学的发展过程中，杨鸿烈特别认识到中国法律制度史和中国法律思想史的不同。他认为，要想彻底了解中华法系的内容，"最先的急务即在要懂得贯通整个'中国法系'的思想"，并在 20 世纪 30 年代先后出版了《中国法律发达史》和《中国法律思想史》两本专著。这样，他就把中国法律制度史和思想史分别作为独立学科了。因此，杨鸿烈自然是中国法律思想史学科的初创者。这样，中国法律思想史学随着中国现代学术体系的建立而逐步成长起来。"至 20 世纪 40 年代，全国设立法科的大学及专科学校超过四十间，而在这些学校的课程表中，中国法律思想史也在讲授、研究之列。"①

---

① 孙晓楼. 法律教育 ［M］. 北京：中国政法大学出版社，1997：345－347.

第二章

中国法律思想史的研究背景、分期及主要人物

中国法律思想史学，是形成于 20 世纪初的一门法学分支学科，也是一门现代性的、具有独立品格的学科。此前的学术研究虽然有对法律思想内容的涉及，但囿于传统学术体系的限制，法律思想史尚未形成独立之学，更不在现代学科体系中占有一席之地。19 世纪末 20 世纪初，在清末新政与西学东渐的双重影响下，传统学术体系下的"通人之学"逐渐转变为近现代的"专门之学"。在此背景下，中国法律思想史学科应运而生。经过沈家本、杨鸿烈、陈顾远、瞿同祖等法学前辈的努力，中国法律思想史学成为拥有独特的研究对象、研究方法的学科体系。本章借助对社会背景的回顾以及中国法律思想史学的发展历程及特点，形成 20 世纪上半叶中国法律思想史学的大体观察。

第一节 研究背景

学术与政治、学术与思想启蒙在特定的历史时期常常更紧密地结合在一起，20 世纪上半叶的动荡时代就创造了这样的条件。社会这个多元体虽然不直接决定学术，但却指引了学术研究的范围、研究方法等诸多问题。中国法律思想史学在 20 世纪上半叶就处于这样的社会背景下。

一、学术为政

20世纪初，整个中国仍处在极端险恶的社会政治风云的风口浪尖。帝国主义的侵略和国内此起彼伏的反抗势力，使国家长期处于动荡之中。1911年，辛亥革命的胜利，开创了中国历史的新纪元。但短暂的胜利，并没有改变袁世凯窃国、军阀混战、帝制复辟、蒋介石背叛革命等一系列重大动乱给国内人民造成的沉重灾难。历史进入20世纪30年代以后，南京国民党政府大致稳定了其在国内的统治，也进行了大规模的立法活动，"六法全书"体系基本完成。与此同时，共产党领导的新民主主义革命也在蓬勃开展，并逐步制定和建立了一系列在广大解放区适用的法律和司法制度。此后，随着全民抗日战争和解放战争的进展，全国仍基本处于动荡不定的环境当中。

当时，整个中国的学术研究就是在这样的政治社会背景下进行的。这也决定了这一时期的知识分子，多是具有公共责任担当的人，而非单纯拥有知识的个体，他们常常有着超越自身社会属性的公共担当，超越个体或某个群体利益，或者集学者、官僚于一体。梁启超的"世界无穷愿无尽，海天寥廓立多时"颇能反映当时知识分子的家国抱负和担当。在政治思想战线，众多的先进人物都为国家的前途、命运和救国救民的思想所驱使，力图扶大厦于将倾、挽狂澜于既倒，积极学习西方先进的政治法律理论而身体力行。面对岌岌可危的局势，有良知的国人普遍表现出一种深刻的自我反省精神。陈独秀当时就曾指出："共和国体果能巩固无虞乎？立宪政治果能施行无阻乎？以予观之，此等政治根本解决问题，犹待吾人最后之觉醒。"①这种精神影响及于学术思想领域，

---

① 陈独秀. 吾人最后之觉悟［J］. 青年杂志，1916，1（6）：6-9.

使知识分子希望通过自己的学术探索，从历史的经验中寻求一种对现实问题的解决方案。正因为这样，这时中国思想史学界包括中国法律思想史学界在内的思想者们，获得了重振旗鼓的决心和勇气，开始把视野从西方法律思想领域重新转向了中国法律思想领域，中国传统法律文化的发掘和研究成为其关注的焦点。沈家本、梁启超等人即是其主要代表。沈家本的《法学盛衰说》典型地体现了其学术研究与国家政治之间的紧密关系。《法学盛衰说》通过对中国古代法学自唐虞至清代兴衰历程的探索和分析，批判历史上"薄法学为不足尚"和"学无专科，群相鄙弃"的现象，并针对《四库全书》政法类法令之属只是"略存梗概，不求备也"的做法加以批判，认为这乃是"法学之所以日衰"的重要原因，并进而揭示法学和"政之治忽"的关系。沈家本概括地指出："夫盛衰之故非偶然矣。清明之世，其法多平；陵夷之世，其法多颇。则法家之盛衰，与政之治忽，实息息相通。然当学之盛也，不能必政之皆盛；而当学之衰也，可决其政之必衰。"[①] 在此，法学与政治的紧密关系跃然纸上，《法学盛衰说》所表现出的现实关怀，也充盈在字里行间。静观近世法学变迁，也反复验证了这一规律的正确性。该文在中国法学研究领域具有举足轻重的地位，被认为是当时及其以后强调法学研究的必要性和重要性的奠基之作。该文虽然只有不足 1300 字，且没有直接触及中国法律思想史学，但它对历朝法学史料的游刃有余的运用、对中国法学史几个节点的精辟概括、对中国法律思想史学的开展，必将产生重要的影响。

　　总之，这一时期的学术研究，当然包括中国法律思想史研究在内，都有着明显的政治依归，而思想者也有着或多或少的政治担当。政治与

---

① 沈家本. 法学盛衰说［M］//沈家本. 寄簃文存. 北京：商务印书馆，2015：73.

法律本就有着千丝万缕的联系："政治思想之深入国民意识中者，恒结晶为法律及制度，而政治之活力，常使晶体的法制生动摇。故两者相互之机括，又治斯学者所最宜注意也。"① 这一方面使得政治有了更多的人文关怀，学术有了一定的现实关照；另一方面单就学术研究而言，可能缺少了一定的独立性，这也是中国法学长期附属于政治学的原因之一，这种格局也影响了中国的法学发展。

二、思想启蒙

学术研究常常是思想启蒙的先声。中国法律思想史学在 20 世纪上半叶的开启和演进同样起到了思想启蒙的作用。"中国近代法律思想史就是一部西方资产阶级宪政主义、社会契约论、天赋人权论等法律思想与中国封建'三纲五常'的法律思想相互斗争的历史。"②中国法律思想史学自然伴随着中国近代法律思想史的演进而演进。所以，中国法律思想史学对中国传统法律文化的重新审视，对西方宪政主义、社会契约论、天赋人权论等法律思想的关注自是其重中之重。

但思想启蒙并非完全接受新事物，抛弃旧事物，特别在思想文化领域，新旧之间更不是可以截然划分的。即便以倡导资产阶级新法学而著称的沈家本，他的法律思想也包含着太多儒家传统的思想要素。他认为，"资产阶级新法学的要旨已包含在封建旧法学之中，情理二字是新旧法学的共同核心"③。1905 年，梁启超在《新民丛报》上发表的《中国法理学发达史论》一文指出："我国不采法治主义则已，不从事立法

---

① 梁启超．先秦政治思想史［M］．长沙：岳麓书社，2010：14.
② 陈景良．中国近代法律思想的历史发展、主要内容和特点［J］．法学，1999（5）.
③ 杨鹤皋．中国法律思想史［M］．北京：北京大学出版社，1988：549.

事业则已，苟采焉而从事焉，则吾先民所已发明之法理，其必有研究之价值，无可疑也。"①梁氏强调必须研究中国传统的法律文化、建立和实行符合近现代精神的法制，就这一点而言，无疑具有某种启蒙的以至开拓的作用。

20 世纪 30 年代的法律史著作中始终贯穿着一条主线，即关于法律与礼教的斗争。这一问题并未随着清末轰轰烈烈的法理派与礼教派的斗争而宣告结束。在对中国旧律的看法上，陈顾远在其《中国法制史概要》一书中，一方面批评旧律礼法不分、民刑不别，缺少发展变化，以及家族制度的束缚；另一方面又称赞"中华法系"能在世界诸法系中独树一帜，是因为儒家思想在世界学术上"别具丰采所致"。②朱方更认为，以儒教轻利重义和家族为本位的中国法系，"自始至今，仍光明灿烂"。其优越之点，实超出外国四大法系，所以可以"自豪前无古人，后无来者"。③

因此，在近代中国法律思想的启蒙思潮中，在中西法文化的较量中，法律的现代化过程中仍处处可见传统法律意识在思想界的强大影响力。

第二节　研究分期

中国法律思想史学在 20 世纪上半叶经历了从无到有、从旧史学到新史学的发展演变过程。综观这一时期中国法律思想史学的发展状况，

① 梁启超. 中国法理学发达史论 [J]. 新民丛报，1905，(5/6)：19 - 61/7 - 40.
② 参见陈顾远. 中国法制史概要 [M]. 北京：商务印书馆，2011：46 - 47.
③ 参见朱方. 中国法制史 [M]. 上海：上海法政学社，1932：绪言.

大致可分为学科草创阶段和学科形成阶段两个时期。"在思想史上定日期，是最困难的一件事，因为思想是活的东西，它底变迁不是骤然的，所谓履霜之渐，非一朝一夕之故。我们断乎不能说某年某月某日以前，人们信奉礼治思想，某年某月某日以后，忽然一变而为法治思想的时代。所以我们假定日期不过为研究便利起见，断乎没有绝对的真确性的。"①吴经熊的话用在这里也同样合适，对中国法律思想史学的分期也只是相对的，不同的研究者从不同的角度可提出不同的看法。

一、学科草创阶段（1900—1935 年）

从沈家本、梁启超、王振先、丘汉平和吴经熊等人的论著，可大致窥测这一时期总体的研究特点。

第一，在研究对象和研究范围上，中国法律思想史学已开始触及某些学派和人物的法律思想。王振先的《中国古代法理学》、丘汉平的《先秦法律思想》等文对中国法律思想相对独立的研究，几乎已使中国法律思想史获得独立的学科地位。同时也有触及更形而上的研究，如钱穆的《中国人之法律观念》。

在学科体系方面，也有了初步的探索和开拓。特别是 1905 年梁启超在《新民丛报》上发表的《中国法理学发达史论》一文，是所见最早与中国法律思想史研究直接有关的专论，也是多少带有史学史性质的作品。这种趋势，无论在当时或是后一个时期，都产生了一定的影响。

但总的说来，虽然这一时期已开始独立进行法律思想的研究，但中国法律思想史仍未获得独立的学科地位，在名义上它仍从属于政治史学。谢无量的《古代政治思想研究》（商务版·1923 年）、梁启超的

①　吴经熊. 法律哲学研究［M］. 北京：清华大学出版社，2005：73.

《先秦政治思想史》（商务版·1926 年）、陈烈的《法家政治哲学》（上海华通版·1929 年）等著作本身既是政治思想的研究，又包括法律思想的研究，就明显说明了政治与法律的混同。

第二，在研究方法上，经历了由"学案"体的旧式研究法向新式研究法的转换。中国传统学术中对思想史的研究，以"学案"体最具代表性，《宋元学案》《明儒学案》等著作是其典型代表。其研究对象以重要思想家为核心，内容以资料汇编为主体，主要涉及思想家的生平、言论、著述及师承等方面。如在《宋元学案》中对"二程"、司马光、王安石、"三苏"等人思想的考察，《明儒学案》中对王阳明、徐阶、王艮、刘宗周等人思想的探究即可体现。20 世纪初，虽然中国法律思想史尚未确立独立的学科地位，但新的法律思想史研究方法已初露端倪，这在梁启超的代表性著作《先秦政治思想史》中体现出来。他提出的三种研究法，即问题的研究法、时代的研究法和宗派的研究法，至今仍在法律思想史学界有较大影响，或者仍在使用。他断言："以上三法，各有所长，好学深思之士，任取一法为研究标准，皆可以成一有价值之名著也。"①

第三，在史料方面，这一时期经核实的资料大都属实，且取舍合理，这种在学科起步阶段奠定的笃实学风，在今天纷扰的世风、学风下显得尤为可贵。但由于处于学科起步阶段，资料尚未全面铺开，从时间上看主要限于春秋战国时期，内容上则主要取自《史记》《汉书》，这必然会限制研究的进一步深入和拓展。

总之，这一时期的中国法律思想史学研究，整体处于起步阶段，缺乏全面系统的学科体系建构，在专题研究上也谈不上深入。但在学科内

---

① 梁启超．先秦政治思想史［M］．长沙：岳麓书社，2010：14.

容的初步开拓以及研究方法的初步转换等方面依然奠定了学科研究的基础，为此后的进一步研究提供了重要的经验。

二、学科形成阶段（1936—1949）

进入 20 世纪 30 年代以后，中国法律思想史的研究，在社会背景上并没有根本好转，战争、动荡仍无处不在，因此科学研究并没有获得充分发展的机会。尽管如此，经过学科初创时期的奠基和积累，在学者们进一步开拓的基础上，中国法律思想史学仍取得了长足的进展。

首先也是最重要的突破在于，出现了法律思想史的专门著作，其典型代表当数杨鸿烈的《中国法律思想史》一书。以此为标志，中国法律思想史有了独立研究和发展的基础，不再属于政治思想史范畴。同时，它从专门学科的角度指出了中国法律思想史学的性质和研究对象，指出"中国法律思想史是研究中国几千年以来各时代所有支配法律内容全体的根本原理，同时并阐明此等根本原理在时间上的'变迁'与'发达'及其在当时和后代法律制度上所产生的影响"[1]。它还初步梳理了中国法律思想发展的脉络，把其划分为"萌芽时代""儒墨道法诸家对立时代""儒家独霸时代"和"欧美法系侵入时代"等四个时代。[2]因此，学界常认为杨鸿烈的《中国法律思想史》标志着中国法律思想史学科的正式确立。

自杨鸿烈的《中国法律思想史》之后，中国法律思想史的专著还在不断涌现。瞿同祖的《中国法律与中国社会》、秦尚志的《中国法制及法律思想史讲话》、陈启天的《韩非及其政治学》和《中国法家概

---

① 杨鸿烈.中国法律思想史［M］.北京：中国政法大学出版社，2004：1.
② 杨鸿烈.中国法律思想史［M］.北京：中国政法大学出版社，2004：1.

论》、王伯琦的《近代法律思潮与中国固有文化》等，也都在一定程度上反映了这一学科的发展动态。除了专著之外，在报刊上发表的中国法律思想史方面的论文也越来越丰富。

其次，在研究的广度和深度上，都有进一步发展。除了前期对流派的笼统研究之外，这一时期开始注意对某些人物的法律思想的挖掘，如商鞅、慎到、韩非等人的法律思想。梅仲协的《管子的法治思想》、曾思五的《韩非法学原理发微》等文的相继问世，使得中国法律思想史学科的独立性更显增强。

学科的深层次发展必然涉及其哲学层面的探讨，法律思想史亦是如此。这一时期陈顾远的《天道观念与中国固有法系之关系》、王伯琦的《近代法律思潮与中国固有文化》等文，开始关注中国法律的哲学基础，也是对中国法律所具有的深层底蕴的挖掘。这从某种程度上已显示出学科的理论深度提高。

再次，在研究方法上，中西比较的方法已成为必要的手段。自西学东渐开始，西方的法律思想逐渐传入我国，人们从西方的法律观念中，逐渐深刻地体会到中国法律观念与世界法律观念接轨以及中国法律由传统向现代转变的必要性和重要性。这尤其体现在学术研究中，中西法律比较的方法已是绕不开的选择。在杨鸿烈的《中国法律思想史》一书中更是专列了"欧美法的侵入"，此举是具有深意的。此后，探讨近代法律观念、法律观念的变迁等著述更是不绝如缕，例如，蔡枢衡的《中国法律之批判》和《中国法理自觉的发展》两部论文集，就多有涉及。"这充分反映了这一时期法律思想的研究，逐渐迈向了一定的深度；这种深度并不仅是指方法论上的研究，而且也是指理论上的探索。"①

当然，囿于历史和时代的局限，学科的发展尚有诸多问题需要解决，如学科建构体系的问题、研究方法问题、史料堆砌甄别问题等。我们不能苛求前辈在短时间内一劳永逸地解决，这些问题必是经过长期积累和探索才能逐步解决完善的。

第三节　主要人物

学科的发展除了研究对象与内容的丰富和深入、研究方法的多样，代表人物及其代表作也是我们应重点关注的。中国法律思想史学在20世纪上半叶的发展离不开众多思想大师的参与和付出，现择其要而述之。

一、梁启超

梁启超（1873—1929），字卓如，号任公，又号饮冰室主人，广东新会人，清末民初著名的政治活动家和启蒙思想家。国人所熟知的梁启超，是他戊戌变法维新派的代表人物的身份，但实际上梁启超在学术领域的贡献毫不逊色于他的政治身份，他对中国近代哲学、史学、社会学、政治学、宗教学、伦理学等学科均做出了开创性贡献，所以他被誉为中国近代史上一位百科全书式的人物。他的《清代学术概论》《先秦

---

① 饶鑫贤.20世纪之中国法律思想史学研究及其发展蠡测［M］//饶鑫贤.中国法律史论稿.北京：法律出版社，1999.

政治思想史》著作早已成为国人进行社会科学研究的必读书目。也许是梁启超在政治活动和思想启蒙领域的贡献太过炫目，所以除了少数专业人士之外大多数人并不关注他在法学领域的成就。其实梁启超在法学领域的成就同样值得称道，甚至有人认为梁启超的法律思想是中国近百年法律思想和法学理论体系建设的思想源头之一，特别是他在宪政领域的成就。无论是在国外流亡期间还是中华民国成立后，梁启超始终不断地为中国宪政呐喊，也撰写了大量论著，成为我国法律文化的宝贵资源，他本人也成为我国宪政文化的积极传播者。

在法律史领域，梁启超虽然没有大部头的论著，但同样有奠基之功。他在 1901 年和 1902 年先后发表的《中国史叙论》和《新史学》两篇论著，详尽阐述了"新史学"的内涵。他持历史进化论的观点，反对传统史学的复古循环；他的史学面向国民群体，而非王朝权贵。他也重新界定了历史的范畴。梁启超认为，当代科学日益发达，学科分化越来越细，旧史学大一统的局面将不适应学科发展的趋势，所以旧史学应从包罗万象的体系中分解开来，从各学科自己的领域构建自己的发展历史。所以说，梁启超既是中国旧史学的终结者，又是新史学的开拓者。正是这种学科专门史的倡导，奠定了法律史的根基，也使法律史学科在存在之初就奠基在"新史学"的范式之上。梁启超的问题研究法、时代研究法、宗派研究法又为法律史的研究奠定了方法论基础。

他的另两篇专门法律史的专论《论中国成文法编制之沿革得失》和《中国法理学发达史论》更是他在这一领域的代表作。如果说《论中国成文法编制之沿革得失》是一部中国法制的专门史，那么《中国法理学发达史论》则是中国法律思想的专门史。《中国法理学发达史论》"自序"开宗明义指出："本论之目的有二：一在发扬国粹，使我先民久湮之精神拨沈曀而著光晶；一在于世界新学说相比较知我之短长，以唤起我同胞研究法学之兴味。"该书重点论述的是中国"法"及法观念的起源，先秦儒、道、墨、法的法律主张尤其是法家的"法治主义"由兴而衰的历史过程。他把先秦百家争鸣时期的儒家、墨家、法家、道家分别解释为"放任主义"（道家）、"人治主义"（儒、墨）与"法治主义""国家主义"（法家）的斗争，这当然也包含着他的独特理解。当然，作为一门学科，它还远远不够完善并缺乏系统性。

所以，对法律史学科而言，从研究目的、研究对象、研究方法上而言，梁启超的贡献是不可磨灭的。

二、居正

（一）居正其人

居正（1876—1951），字觉生，别号梅川居士，湖北广济县人。1905 年加入同盟会，积极投身革命运动，是辛亥革命中较为活跃的骨干分子。同年，他到日本法政大学攻读法律，思想上颇受到资产阶级的民主、自由等观念和重视科学技术的态度的影响。1912 年 1 月南京临时政府成立，他任内务部次长、代理部务。1928 年南京国民政府成立后，他任国民党中央执行委员。1932 年春起，居正担任司法院院长，从此在这个"枯冷的位置"上，"一任达十六年之久"，在此期间主要致力于当时中国法制的建立和完备工作，也一贯主张收回治外法权和抵抗外国的侵略。1951 年居正逝世于台北。①用他自己的话概括其一生则是："三十岁以前，言明贫家子，困而学之，志不在大。三十岁以后，言明行拂乱其所为，所以动心忍性，断断兮，无他技。五十以后服官

---

① 参见罗福惠，萧怡. 居正文集［M］. 武汉：华中师范大学出版社，1989：前言 1，14，19.

政，等因奉此，则有司存，故略而不书。"①

其一生留下了相当丰富的具有研究价值的文字资料，包括大量诗词、演讲、随笔等，目前这些材料已基本收录在《居正文集》中。

(二) 对中国法律思想史的贡献

"居正是国民党法律界最重要的代表人物之一。他从 1932 年至 1947 年任司法院长达 16 年，在国民党政府的立法和司法领域建树颇丰。我们研究国民政府的法律制度和现代法律文化史，居正是一个不能忽视的人物。"②所以，居正也是一位重要的法律思想家，他关于法律观念、法律学、法治等有很多独到的见解，而其著作《为什么要重建中国法系》及论文《中国法哲思想之变迁》也充分显示了他在中国法律思想史领域的深厚功底。在其治下创办的"中华民国法学会"和《中华法学杂志》也为其法律思想提供了展示的平台。现具体阐述其法律思想如下。

1. 法律、法律学与法治观念的阐释

居正指出："社会科学中除政治、经济学等外，最足令社会组织与活动趋于合理化者，舍法律外无他。法律为一种社会意识之拘束力，以支配人类之行为及其行为之动机。此拘束力之产生，随当时社会之状态而决定，亦随社会自身转变而转变。"③由此可见，居正对法律本身是非常重视的。他也深刻指出法律之于国家的重要地位："顾名思义，法律开宗，殆鉴于人群社会之演进，万有现象之错综，非依法律为准绳，则

---

① 居正. 梅川谱偈 [M] //罗福惠, 萧怡编. 居正文集 (下). 武汉: 华中师范大学出版社, 1989: 511.

② 乔丛启. 居觉生的著述与法治思想 [J]. 中国法学, 1989 (4): 121 - 126.

③ 居正. 《中华法学杂志》复刊词 [M] //罗福惠, 萧怡. 居正文集 (下). 武汉: 华中师范大学出版社, 1989: 656.

不足范围天地之化而不过，曲成万物而不遗。尤其法律之于国家，如民非水火之不能生活也。于此应知法律之本质，有道德的规范，有伦理的规范，有技术的规范，有惯例的规范，依此本质而研究其进化。形而上者，道德伦理；形而下者，技术惯例。吾人不可忽视技术惯例，更须重视道德伦理。所以者何？法律者，与人为善，而禁人为恶也。善人则受法律之保障，恶人则受法律之制裁，天之经也，地之义也，民之行也。吾人准此概念，而玩索其理则，阐明法律之目的，显证法律哲学之无上妙谛。"①

居正不但从广泛意义上重视法律，而且当时他已从学科的角度理解法律。"以社会为研究对象之社会科学，亦为一整个统系之科学。法律学为社会科学之一。就社会科学性质而言，法律学实不能离其他政治学、经济学等等，而越出社会科学之范畴。故吾人今后将以纯粹科学态度，对法律学作更广义更深邃之研究。除法律学外，其他与法律问题有关系之政治、经济等等之理论或实际，亦尽量博予采集，以求适应整个社会，使其成为有计划有系统之发达。"②

作为国民政府的司法官，他比较重视法治，认为实行宪法的国家必须实行法治。他结合当时中国内忧外患的状况，明确指出"唯法治完成之国，始有完整独立之主权"③，亦即法治是否完备事关国家主权之完整，所以他极力主张收回治外法权。他对厉行法治也有自己的看法："所谓法治，即系以法律统治全国，一切公私问题，唯依法律以解决，

---

① 居正．朝阳学院《法律评论周刊》发刊词［M］//罗福惠，萧怡．居正文集（下）．武汉：华中师范大学出版社，1989：854.
② 居正．《中华法学杂志》复刊词［M］//罗福惠，萧怡．居正文集（下）．武汉：华中师范大学出版社，1989：657.
③ 居正．法治前途之展望［M］//罗福惠，萧怡．居正文集（下）．武汉：华中师范大学出版社，1989：678.

亦即是以法律主治之意。既以法律主治，则不论官吏人民皆应知法守法，官能知法守法，民风从焉！但法律虽备，而人民方面仍对之茫然者，何止少数？……政府倡行法治，而官吏人民不知法律、或不守法律，此岂政府倡行法治的本德？吾人有鉴于此，急宜以接近民众的机会，利用出版物，将法律的基本知识，普遍宣导，使之潜移默化，庶几一般社会有养成法治的习惯，人人知以崇法为义务，以不守法为可耻。"①可见，要实行法治，对人民实行普法教育是必需的。"我常感觉到要修明法治，必先厉行法治；厉行法治，必先澄清法治。"所以，他又讲修明法治之途，"参究修明的要点，不是从字面上舞文弄墨，更不是从口头上炙輠谈天，是要从本心本体上，切己体察，着紧用力"。为此他提出了有名的"四法界"说：事法界、理法界、事理无碍法界和事事无碍法界。从四法界的修明达到一真法界的自然呈露：无始至恶识不生，无明之惑业悉断，无量之光明不灭，无上之大道完成，平等如一，自由任运。不用法而法行，不求治而自治。法治前进，在在都是坦途。②居正修明法治的设想是极好的，把目标设定为"不用法而法行，不求治而自治"也是极远大的，只是从理论变为现实的路是漫长的，法界共勉尚可。

2. 重视法学教育和法律思想的学术研究

居正比较重视法律思想的学术研究，也深入探讨了中国法律思想的哲理基础，这主要体现在他的论文《中国法哲思想之变迁》中。在此文中他分三个阶段梳理了中国历史上不同时期的法哲思想，分别是：殷

---

① 居正. 中华民国法学会上海分会第二届年会致辞 [M] //罗福惠，萧怡. 居正文集（下）. 武汉：华中师范大学出版社，1989：758.

② 居正. 法治前途观 [M] //罗福惠，萧怡. 居正文集（下）. 武汉：华中师范大学出版社，1989：702 - 705.

周至战国时期、秦汉至宋元明清、清末至中华民国。他认为，战国之前儒家的仁义思想是中国古代所谓礼治、德治的根源，所以法律具有辅助教育意义。在此意义上，他认为最能认识法律为何物者，当推管子。因为管子之言"法者，天下之仪也，所以决疑而明是非也，百姓之所悬命也"，虽未能完全阐明法律之本质，但其法哲思想丰富，实非诸子百家之说支离破碎所能望其项背，实与欧洲法哲学家黑格尔谓法律不外乎伟大崇高而且普遍无私，使任何人得借以生存发达之手段方法之暗合。①自秦汉至宋元明清，"我国数千年来之法哲思想，因受儒家学说影响，认为人生之目的，在于宇宙道德秩序之实现，故对于法哲方面，均不能脱离仁义道德这骨干，此则不容否认之事实也"②。

他还创办了《中华法学杂志》，中间虽然有停刊、复刊等波折，但在其治下，《中华法学杂志》成为学人发表法律见解、阐明法律思想的重要阵地。实际上，该杂志也确实发表了一系列法律思想方面的文章（可参见附件一），为法律思想史学科的深入探讨打下了良好的基础。

3. 中华法系的构建

居正认为，大凡世界上探研各种学科学问，必须穷原竟委，有一定的准绳法则。这一定的准绳法则，是由前人因事推理，准情合数，逐渐发明。这不是一蹴而就，更不是凭空捏造。因此我们研究法学及探讨任何一国法律，可以分作三个步骤，先考察它"过去如何""现在如何"，进而观察它"应当如何"。③在重建中国法系这一问题上，他先将中国法系发展的过程及当时的状况，做了全盘剖析，又对未来的发展方向提

---

① 参见居正. 中国法哲思想之变迁［J］. 中华法学杂志.1947，7（8）.
② 参见居正. 中国法哲思想之变迁［J］. 中华法学杂志.1947，7（8）.
③ 参见居正. 为什么要重建中国法系［M］//罗福惠，萧怡. 居正文集（下）. 武汉：华中师范大学出版社，1989：468－469.

出了自己的思路。

传统作法制史研究一般以殷商为界，"自殷以后，因有殷墟史料可证，国人治史，遂多以殷代为中国史的开始，治法制史者亦然"①。居正认可治史注重证据的做法，但也提出了疑问："殷代以前的法制未必如史册所载的那样详尽则可，若果根本否认殷代以前曾有萌芽的法律制度，而认为一切都是自殷代才开始，那么，殷代何以能够忽然凭空进入这一个阶段呢？我们岂不是连进化的规则都否认了吗？"② 对于法律思想的研究，居正的观点是具有启发意义的，他认为法律思想的萌芽、形成不是一蹴而就的事情。

对传统中国法系，居正是持肯定态度的，认为我国法律在早期即已发达。但其发展却比较偏于刑法方面，民事法律之发展比较暗淡，非如《罗马法》之在民法方面有其特别发展。他认为，这是由于地理的关系，中华民族过去与他族较少接触，一切思想生活行为，完全为一单一的整体的发展，个人主义向不发达，不像欧洲之种族繁多，彼此接触频繁，自始比较重视权利观念。此外因受过去政治制度的影响，国家对于个人行为不免常采取干涉主义，刑法范畴因此扩大。③

法系一方面是制度，但更重要的是制度所蕴含的法律思想。居正也较关注法律思想的建设方面。他认为，我国法律思想最蓬勃的时期，要数战国时期。当时"法治"不但见于理想，而且先后施于实际。春秋战国之际，法律思想是多样化的，各国的政治并没有完全为儒家思想所

---

① 居正．为什么要重建中国法系［M］//罗福惠，萧怡．居正文集（下）．武汉：华中师范大学出版社，1989：472.

② 居正．为什么要重建中国法系［M］//罗福惠，萧怡．居正文集（下）．武汉：华中师范大学出版社，1989：473.

③ 居正．为什么要重建中国法系［M］//罗福惠，萧怡．居正文集（下）．武汉：华中师范大学出版社，1989：479.

支配，有的国家甚至推行和儒家理想根本相反的法治。居正也高度肯定
了这一时期的法律思想。他认为，当时的法治言论，即使与欧美第一流
的法学家言，对照参详，也可相互发明，并提媲美，所以值得发扬光
大。①之后，特别从汉开始，思想定于一尊，学者都专门以研究"五经"
为唯一重要的大事，于是两千年来中国的法律思想，完全是儒家的法律
思想。而儒家的政治思想，是以德治、礼治、人治为主而以法治为辅
的。孔子理想的极致，乃是要达到德治、礼治的最高境地，到了那一个
境地，法律的作用简直无足轻重了。②

　　居正一方面肯定了传统中国法系，另一方面注意立法的时代性和创
造性，所以他声明"重建中国法系"一语的含义，"决不可误会为'提
倡复古'，而正是要以革命的立法，进取创造，为中国法系争取一个新
的生命，开辟一个新的纪元。过去一般人每每认为，法律史是有守旧性
的，应该跟着社会已经发生和存在的事实，亦步亦趋，不应该站在社会
和时代的前面去，使法律与事实相去太远。这种说法，当然含有一部分
真理，但是不免过中历史法学派学说之弊，非所以语于我们这一个革命
建国的时代。因为，法律也是应该有进化性的，不宜使之停滞不前，而
不寻求光明的途径，致使人民整个的社会生活也因之而受到不良的
影响"③。

　　因此，居正的中国法系是重建而非复古，在这方面，他有自己的见
解，他所要创建的中国法系要实现"由过去的礼治进入现代的法治"

---

　　①　参见居正. 为什么要重建中国法系［M］//罗福惠，萧怡. 居正文集（下）. 武汉：
　　　　华中师范大学出版社，1989：479－483.
　　②　参见居正. 为什么要重建中国法系［M］//罗福惠，萧怡. 居正文集（下）. 武汉：
　　　　华中师范大学出版社，1989：479－483.
　　③　参见居正. 为什么要重建中国法系［M］//罗福惠，萧怡. 居正文集（下）. 武汉：
　　　　华中师范大学出版社，1989：492.

"由农业社会国家进而为农工业社会国家""由家族生活本位进而为民族生活本位"。①

他对传统中国礼治也做了较为公允的评价：礼治曾经完成它在历史上的使命，我们不能够凭 20 世纪的眼光来抨击它的不合理。因为我们论断一件事，或是一个制度，不能过重主观，而完全忘却它的时代性和空间性。我们要是纯粹用现在的眼光来看，那么，无论哪一个国家过去的政治、法律、社会和其他一切制度，都有不少不合理的成分，而且有很多难以索解的地方。我们中华民族过去受这一法系的影响，绵延数千年而成为一个四万万五千万人口之民族，到今天还能够自力更生，创造新的生命，足见过去以礼治为内涵的中国法系，并没有辜负我们，虽然现在看去有很多不合理的地方，但一如柯勒所见：历史并不是一种逻辑过程，它正含有很多不合理和过失之处，无理和野蛮，永远伴着智慧和驯良。因一个时代有一个时代所认为的正义和合理，我们现在所认为的正义和合理，在以前的时代看来，也许正是违反正义的或不合理的。所以说，"礼治"曾经完成了它的历史使命，就是这个道理。②更何况，社会规范除了具有强制力的法律以外，还有道德、宗教、习俗和传统的生活方式等。任何国家，绝不能够单靠法律来治理。③

受西方个人主义和自由思想的影响，居正认为，要创建中国法系须由家族本位主义过渡到民族本位主义。中国法系较重视家族本位主义，

---

① 参见居正. 为什么要重建中国法系 [M] //罗福惠，萧怡. 居正文集（下）. 武汉：华中师范大学出版社，1989：492.

② 参见居正. 为什么要重建中国法系 [M] //罗福惠，萧怡. 居正文集（下）. 武汉：华中师范大学出版社，1989：494.

③ 参见居正. 为什么要重建中国法系 [M] //罗福惠，萧怡. 居正文集（下）. 武汉：华中师范大学出版社，1989：495.

表现于法律者亦随处可见。家之所以占社会组织中之重要地位，一是渊源于古代的宗法，二是由于从来都是以农业经济立国。当然这种制度是有弊端的，因为家族观念过重导致人们只知有"家"，不知有"国"；只知有"家族"，不知有"民族"。流弊甚大，社会国家反受其害。欧美各国的法律，恰恰与此相反，极端注重个人主义，予个人极大的自由。但居正认为，它同样有弊端，甚至西方后来创造的社会本位也是含混的概念，是有问题的。他认为，应该按照遗教，创建民族生活本位的法律。换句话说，即是一切法律应以促进民族公共利益、发展民族生活为依归：一方面须培养与扶助全体国民智能的发展，另一方面须启导国民为社会服务之精神。①

三、瞿同祖

瞿同祖（1910—2008），历史学家、社会学家、法律史学家，湖南长沙人。1934 年被保送至燕京大学，主修社会学。在吴文藻的指导下，主要从事中国社会史研究。1936 年获硕士学位，其学位论文《中国封建社会》1937 年由商务印书馆出版，旋即成为中国社会史研究领域的重要参考书，并被译成日文在东京出版。瞿同祖在书中以社会学的观点和方法研究中国古代社会，引起国内学界的瞩目。1939 年任云南大学社会、政经、法律三系讲师，后升任副教授、教授。1944 年兼任西南联合大学讲师，其间撰写了《中国法律与中国社会》一书，成为学术界的开新之作。1945 年春应邀赴美，先后任哥伦比亚大学中国历史研究室研究员、哈佛大学东亚研究中心研究员，从事汉史研究，出版

---

① 参见居正. 为什么要重建中国法系［M］//罗福惠，萧怡. 居正文集（下）. 武汉：华中师范大学出版社，1989：500－504.

《清代地方政府》，在西方汉学界产生了相当大的影响。1965 年回国。2006 年当选为中国社会科学院荣誉学部委员。

瞿同祖是典型的跨学科的研究人物。他在历史学、社会学和法史学方面都有很深的造诣。

瞿同祖在法史领域的著作单从量上看，并不属于高产者（当然这和他所处的时代与自身的经历有关），但在法史这条路上，毋庸置疑他是具有历史丰碑式的人物。"瞿老真正的专业是社会学。一个外专业的学者能够如此深切地关注法律问题，并热切地投身于法学研究之中，这实在是我们法学事业的幸运。不过，我们更大的幸运还在于，瞿老把他作为一个专业的社会学家所具有的独特眼光和独特视角带入法学领域，为我国的法学研究（当然首先是法史研究）注入了一股清新的空气，并开创了一种崭新的局面。"①

他在法史领域的代表作《中国法律与中国社会》，并不拘于法史学的惯常思维和写作模式，而从中国古代的家族、婚姻和阶级出发，逐步进入中国古代法律的内核。在他的生动描述下，中国古代法律，"展现在我们面前的，不再是那些遥远而僵硬的律条，而是传统中国社会里真实的法律生活"②。通过社会背景探究法律精神的研究范式，从此在法史研究领域得以展开，直至今天依然在广泛运用。正是在此研究思路的指导下，他得出了中国古代法律基本精神和总特征的价值判断，也由此开创了我国法史研究的新纪元。对此，瞿同祖在《中国

---

① 胡旭晟. 擦亮二十世纪中国法史学的丰碑——《瞿同祖法学论著集》编辑札记[M]//中南财经政法大学法律史研究所编. 中西法律传统：第四卷. 北京：中国政法大学出版社，2004：355.

② 胡旭晟. 擦亮二十世纪中国法史学的丰碑——〈《瞿同祖法学论著集》编辑札记[M]//中南财经政法大学法律史研究所编. 中西法律传统：第四卷. 北京：中国政法大学出版社，2004：355.

法律与中国社会》一书的"导论"里有专门说明:"法律是社会产物,是社会制度之一……只有充分了解产生某一种法律的社会背景,才能了解这些法律的意义和作用……研究任何制度或任何法律,都不可忽略其结构背后的概念……从这些概念中,我们才能明白法律的精神。"①

当然,学术研究不是静止的,再大的名家其学术成果也是可以讨论的。我们毫不怀疑瞿同祖《中国法律与中国社会》一书在法史学上里程碑式的意义,但随着学术研究的逐步推进,有学者不断提出这本书的局限性。比如有学者指出:"瞿著整体社会观或文化观主要是经由历时性问题共时性化——亦即经由将历时性向度和共时性向度的问题分别均按照共时性方式处理——而达致的。"②即瞿著对中国古代法律的考察,是把两千年的中国古代法律作为一个整体来考察的,忽视了社会变迁在其中的影响。这种单一整体的考察相对容易得出总特征和法律由社会决定的结论,而恰恰是社会的变迁、社会的多元和众多的"小传统"造就了法律的复杂性。

基于此,同样可分析瞿同祖的《中国法律之儒家化》一文。"法律儒家化"是瞿同祖于1948年提出的一个重要命题,结合其《中国法律与中国社会》一书,瞿同祖认为:"在儒家心目中家族和社会身份是礼的核心,也是儒家所鼓吹的社会秩序的支柱。古代法律可说全为儒家的伦理思想和礼教所支配。"③由此,瞿同祖的法律儒家化指中国法律渗透了家族和阶级的成分,并通过区别儒法之争,以凸显这种特色。"所谓

---

① 瞿同祖. 中国法律与中国社会 [M]. 北京:中华书局,2003:导论.
② 孙国东. 功能主义"法律史解释"及其限度——评瞿同祖《中国法律与中国社会》[J]. 河北法学,2008 (11):196-200.
③ 瞿同祖. 中国法律与中国社会 [M]. 北京:中华书局,2003:353.

儒法之争主体上是礼治、法治之争，更具体言之，亦即差别性行为规范及同一性行为规范之争"①，即儒家强调贵贱、尊卑、长幼、亲疏有别，而法家则主张不别亲疏，不殊贵贱，一断于法。

学界对"法律儒家化"这一命题认同多于异议。"关于中国法律儒家化这一命题……总体上，还是比较准确地把握住了中国古代法律发展的线索，有着相当的真理性。"②但也有学者提出异议："学术界普遍认为，自汉至唐，中国封建法律经历了儒家化的转变过程。其根据不外有三：一是出现了春秋决狱（又称引经释律）；二是形成德主刑辅的正统法律思想；三是一部分礼进入了法典（引礼入律）。其实，在我看来，春秋决狱并不意味着法典的儒家化，而是儒学法家化；德主刑辅只是一种思想观念，充其量是在司法领域产生了一定影响，而并未进入立法领域，亦即设有法律条文化；引礼入律的'礼'，已非单纯的儒家之礼，而是法家之礼。"③郝铁川进而形成中国古代法律是法典的法家化、法官的儒家化、民众法律意识的鬼神化这一观点，可谓一家之言。④

同时，瞿同祖认为，中国法律之儒家化是一个渐进的过程。在立法层面秦汉法律纯本于法家精神。但汉代随着儒家"引经注律"和"引经决狱"两种活动的开展，在法律解释和司法层面，法律儒家化已开其端。儒家有系统之修改法律则自曹魏始，于北朝完成。这主要体现在曹魏"八议入律"、晋"五服治罪"、北齐"重罪十条"等的出现。⑤

---

① 瞿同祖. 中国法律与中国社会 [M]. 北京：中华书局，2003：354.
② 何勤华. 中国法学史：第三卷 [M]. 北京：法律出版社，2006：214.
③ 郝铁川. 中华法系研究 [M]. 上海：复旦大学出版社，1997：51.
④ 参见郝铁川. 中华法系研究 [M]. 上海：复旦大学出版社，1997.
⑤ 参见瞿同祖. 中国法律与中国社会 [M]. 北京：中华书局，2003：357 - 369.

"归纳言之，中国法律之儒家化可以说是始于魏、晋，成于北魏、北齐，隋、唐采用后便成为中国法律的正统。其间实经一长期而复杂的过程，酝酿生长以底于成。"①但这里有几个问题：

（1）中国古代法律是否以秦汉为界，至少以秦为界截然二分，之前为法家，之后为儒家，很是问题。随着《法律答问》的出土，其所体现的典型儒家特色，即是明证。陈寅恪也曾言，秦之法制实儒家一派学说之附系。

（2）瞿同祖的"中国法律儒家化"主要体现在立法层面法律制定过程的儒家化导向。"而他对于法律实施过程的研究，特别是司法者和相关当事人思想观念的研究，还远不够充分。"②至少法律在实施层面是否真正儒家化了，从瞿同祖的论述中我们无从清楚地了解。

（3）瞿同祖的法律儒家化研究，以刑律为主要考察对象，对于在实际生活中发挥重要作用的各种习惯法、民间规约等社会规则等则忽略了。因此，以之断言法律的儒家化，至少是不全面的。

（4）瞿同祖的法律儒家化是静态的。而实际上，"历史上的儒家思想处于不断的迁流演变之中，其内部也充满了冲突和丰富性，因此，不同历史时期的法律儒家化呈现出不同特征"③。

总之，瞿同祖的这一命题同样建立在将中国古代法律作为一个整体进行定位的基础上。他时时处处关注了法律与社会之间的关系，毫不否认，他为法律研究者提供了一个全新的也是特别重要的视角。但这种方

---

① 参见瞿同祖.中国法律与中国社会［M］.北京：中华书局，2003：373－374.
② 吴正茂.再论法律儒家化——对瞿同祖"法律儒家化"之不同理解［J］.中外法学，2011（3）：484－499.
③ 吴正茂.再论法律儒家化——对瞿同祖"法律儒家化"之不同理解［J］.中外法学，2011（3）：484－499.

法如果被滥用，时时处处为法律戴上"社会"的帽子，则"必然性"的研究会无比显现，容易刻意忽略和回避"偶然"因素的作用。而这些所谓的"偶然"因素、"小传统"在法律研究中同样也是不可忽略的，也常常为我们提供另类视角。

第三章

中国法律思想通史研究

　　"中国法律思想史"是中国法律思想史学发展的基础，一方面它限定中国法律思想通史研究主要指"中国法律思想史"学科，另一方面，"中国法律思想史"的水平充分体现了中国法律思想史学发展的程度。20 世纪上半叶中国法律思想通史研究的状况虽然不及中国法制通史的研究，但几部代表性著作的公开出版，也充分表明了中国法律思想史学科的基本成形。丁元普的《法律思想史》、杨鸿烈的《中国法律思想史》、秦尚志的《中国法制与法律思想史讲话》、王振先的《中国古代法理学》以及小野清一郎的《法律思想史概说》等可作为中国法律思想通史研究的代表著作。几部作品不论在研究对象还是研究方法等方面都有建树。鉴于与中国法律思想史学科的密切关系，本章重点介绍丁元普的《法律思想史》、杨鸿烈的《中国法律思想史》和秦尚志的《中国法制与法律思想史讲话》这三部代表性著作，以期加深对这一领域的整体认知。

第一节　丁元普之《法律思想史》

　　丁元普（1888—1957），上海人，原籍浙江萧山，清末举人、法学家。他毕业于上海徐汇中学，后赴日本留学，入早稻田大学政治法律科。毕业回国后，曾任江苏吴县地方审判厅民庭庭长、浙江嘉兴地方法院代理院长、上海第二特区地方法院主任推事，并曾任教于中国公学、上海法政学院、复旦大学法律系及大夏大学。中华人民共和国成立后，于 1953 年 6 月任上海市文史馆馆员。

丁元普一生著述颇丰，主要有《比较宪法》《中国法制史》《法院组织法要义》《法律思想史》《刑事诉讼法》《法院组织法要义》等书。此外，还发表了《中华法系成立之经过及其将来》《中华法系与民族复兴》《法学思潮之展望》等论文。

丁元普不但在法律制度方面有较广泛的涉猎，对于法律思想也有很深的造诣。本书主要从法律思想史的角度，围绕其著作《法律思想史》① 和论文《近代法律思想变迁之趋势》《中华法系成立之经过及其将来》《中华法系与民族复兴》《法学思潮之展望》对其法律思想进行介绍和分析。

一、对法学及法律思想等基本问题的认知

（一）法律思想与社会的密切关联

"法律科学 Science of law……简称之则为法学。然有时以法学为法律，两者为代用之名词……法律者，必具有系统有组织的知识，而自成为一种科学者也。"② "在现代民族社会中需要法律，且需要众多之法律。"

丁元普特别重视法律思想与社会的密切关系，他认为法律为社会之体现："法律为人类社会行为之规范，法律思想则人类在社会之表现而

---

① 丁元普. 法律思想史［M］. 上海：上海法学编译社，1932.
② 丁元普. 法学思潮之展望［J］. 法轨，1934（2）.

适应时代之要求者也。不察过去及当时社会之状况，则无以见思想之源泉，不察后世之社会状况，则无以定思想之价值。故欲治法律思想史，必须对于人类史、社会史、法制史、政治史、经济史、宗教史等等，有相当之准备，然后其研究不致歧误。"① "法律为社会力之表现，社会阶级既由'图腾''宗法'两社会而进于国家社会，故社会变迁则法律思想即不能不与之俱变。"②同时，政治变迁，包括国际和国内形势的发展，人口之增加、大规模产业之进步、商业与文明之进步等，以及经济的变迁，都会对法律思想的发展产生影响。③

同时，他也认为，法律思想与社会的关系不是单向的，法律为社会之体现，法律也是了解社会的窗口："法律为民族心理之回光返照，读古代陈编，即能略窥先民之状况及其思想；研究近代法家最近工作，即可了解现代重要问题，并推测将来法律之趋势。"④

（二）研究方法

丁元普对中国法律思想史的贡献除了《法律思想史》这部著作本身，还在于他在创作这部作品时已有了明显的方法论意图。在"序言"中，他在做法律思想研究时指出，其观察点分为两类："一就个人思想观察，如学者之著述言论，以及法律家活动之遗迹。二就时代思想观察，如法典制度，以及历史与文化之可以证察时代背景及时代之意识。"⑤这可视为其研究视角。

在资料选取方面，他也是颇费了一番功夫的。"惟此种材料，前无

---

① 丁元普. 法律思想史［M］. 上海：上海法学编译社，1932：序言.
② 丁元普. 法律思想史［M］. 上海：上海法学编译社，1932：73.
③ 丁元普. 法律思想史［M］. 上海：上海法学编译社，1932：169－180.
④ 丁元普. 法学思潮之展望［J］. 法轨，1934（2）.
⑤ 丁元普. 法律思想史［M］. 上海：上海法学编译社，1932：序言.

成书可供采择，不得不旁求群籍，以为借助；复加以整理，以定其系统；探本穷源，演绎而归纳之，以期于社会文化，有所贡献而已。"①

二、对中国法律思想史的分期

法律思想的形成并非一蹴而就，也不是一成不变的。"凡一种科学，尤其是'形而上学'，必萃取数千百年之沿革，与数千百人之意识，而始卓然成为有系统有组织之科学。"②

丁元普认为，法律有有形与无形之分。"法律之为物，其元质本为无形，著为成文法规，则由无形而变为有形……然法律非必先具形体而后发生者，综其法律思想之变迁，可为三大时期。"③即法律原始时期、法律成立时期和法律进化时期。"当国家初期之组织、典章制度，俱未完备。关于法律事项，民信即法……惟其时法律思想，极为简单，或乞灵于神权，受宗教僧侣之制裁。或依于族长家长之权力，及祖先以来之习惯，而所谓自然法、理性法，俱有绝对服从之强制力。盖法权虽存，法规未备，是为法律原始时期。"也即潜势法时期，"潜势法时代，常有任人不任法之状态。凡宗教之制裁，社会之习惯，皆得成为自然法规"④。据此，丁元普认为，法律原始时期主要指成文法形成以前之神权法、习惯法时期，此时法律思想极为简单，主要依靠神灵裁判、宗教僧侣制裁、族长家长之权力以及祖先习惯来处理民间争讼。

法律思想发展的第二阶段，即法律成立时期。"迨民族知识发展，国家组织渐次完备，知无法不足以治国也，乃由先例之积累、归纳抽象

---

① 丁元普. 法律思想史［M］. 上海：上海法学编译社，1932：序言.
② 丁元普. 法学思潮之展望［J］. 法轨，1934（2）.
③ 丁元普. 法学思潮之展望［J］. 法轨，1934（2）.
④ 丁元普. 法律思想史［M］. 上海：上海法学编译社，1932：73.

的泛则，确定之准则。"①其标志即为各种法律之公布，如尧典象以典刑，周代悬象刑之法……郑人晋人铸刑书于鼎。"其时法律思想，已由自然而进于人为法，是为法律成立时期。"②按丁元普的理解，刚刚公布成文法之后的中国古代社会可归于法律成立时期。"吾国当春秋战国之时代，其法律思想，一方则已由宗法社会而进于国家社会；一方则已由于'自然法'而进于'人为法'之时代也。""中国当春秋时代，儒、墨、道三家之法律哲学思想，已独树一帜。至战国而法家系统，乃以完成，如商鞅、申不害、韩非之徒，皆主张法治，李悝乃纂集以成法典，历汉、唐、宋、明诸朝，各有递嬗以迄今日。"③在此阶段，丁元普对儒墨道法诸家法律思想之异同进行分析，并得出"故从其立脚点观之，法家之思想，与儒墨道三家之法律哲学，沟而通之，各有其成立之渊源。故进一步必要求以'人为法'为之体现，此当然之理也"④。

第三阶段为法律进化时期。"近代人文大启，社会之进化，与法律思潮之趋势，亦渐呈进步。"⑤对此，丁元普主要分析了法国革命后至19世纪中叶的法律思想，综述政治、经济及社会的变迁对法律思想的影响，并举民法、土地法及劳工法的有关条例说明南京国民政府立法的社会化趋势。

---

① 丁元普. 法学思潮之展望 [J]. 法轨，1934 (2).
② 丁元普. 法学思潮之展望 [J]. 法轨，1934 (2).
③ 丁元普. 法学思潮之展望 [J]. 法轨，1934 (2).
④ 丁元普. 法律思想史 [M]. 上海：上海法学编译社，1932：78.
⑤ 丁元普. 法学思潮之展望 [J]. 法轨，1934 (2).

三、对古典遗产的分析

（一）对儒墨道法传统流派的分析

对儒墨道法传统流派，丁元普的核心观点不是把它们看作各自为政的个体，而是相互影响、相互交错的关系。"我国法治主义之产生，起源甚古，而法家成为有系统之学派，则在儒墨道三家之后，其法律思想之根据，即以儒墨道三家为其先河。故法家者，承儒墨道三家之未流，嬗变汇合而成者也。"①所以，法家与儒墨道三家虽有差别，但因其源于儒墨道，所以法家与三家的主张根本上是一致的。

就儒法二家之学说，一则主张以人治法，一则主张以法治人，各有其特殊异点。但丁元普认为，虽然儒法二家主张各异，"而其整齐划一之精神，方之于权衡度量，以示人类行为以规范则同。盖礼借社会力之制裁，法则借国家力之制裁也"②。

就法家与墨家而言，墨家以兼爱为目标，但其论社会之弊害，则推原于未有刑政之时。墨子《尚同篇》曰："古者民始生未有刑政之时，盖其语人异义。"此时社会秩序无以相保。"较诸管子之言法治，亦以禁止强虐为保护社会为唯一之标准，其观念正复相同。"③

道家崇尚自然，认为知识、法律、道德足以造成罪恶，所以人应无私无欲。但法家认为，现实是心欲，人人有之，欲使道家无私无欲之理论付诸实践只有"任法"，以确定的"名""分"使人不竞不争。"故法家实即以道家之人生观为其人生观。太史公以老庄申韩合传，殆有见

---

① 丁元普．法律思想史［M］．上海：上海法学编译社，1932：75．
② 丁元普．法律思想史［M］．上海：上海法学编译社，1932：76．
③ 丁元普．法律思想史［M］．上海：上海法学编译社，1932：77．

乎此也。"①

在丁元普这里，"儒道墨法诸家不再是互相攻伐的流派，而是法学思想发展史上前后相继、互相影响的整体"②。

（二）对中华法系的认知

日本著名法学家穗积陈重最早提出法系理论后，梁启超率先把这一理论引用到中国。20 世纪 30 年代中期，在民族文化复兴的浪潮中，中华法系的研究成为讨论的热点。这一时期，丁元普也撰文讨论中华法系问题，并最早提出"复兴中华法系之精神"的口号。丁氏对中华法系的研究主要集中在他的两篇论文中：《中华法系成立之经过及其将来》（载《现代法学》，1931 年第 1 卷第 4 – 5 期）、《中华法系与民族复兴》（载《中国法学杂志月刊》，1937 年第 1 卷第 7 期）。

第一，他坚持中华法系为独立之法系，反对威格摩尔混合说。"英人魏穆尔（今译威格摩尔）之论中华法系也，谓其多取罗马式的元素，称之为混合系统。此种论列，实不免'见垣一方'之谈。试考诸我国现行之新民法，其立法上具有特殊之异彩，而不与罗马式相同。由此观之，即可知魏氏之言之偏谬矣。"③他不但承认中华法系之独立，而且强调其在世界法系中之突出地位。"中华法系之精神，良由吾民族开化最早、文明最古，不特为东亚首屈一指，且为世界之先导也。"④

第二，他阐明了中华法系之研究任务。"兹就诸子学派关于法学思想之变迁，及古今法典之因革、其成立之经过及其将来。以科学之方

① 丁元普. 法律思想史［M］. 上海：上海法学编译社，1932：78 页
② 张晋藩. 中华法系的回顾与前瞻［M］. 北京：中国政法大学出版社，2007：14.
③ 丁元普. 中华法系成立之经过及其将来［J］. 现代法学，1931，1（5）.
④ 丁元普. 中华法系成立之经过及其将来［J］. 现代法学，1931，1（5）.

法，分析而解剖之，此则吾人研究之任务也。"①这说明中华法系的研究包括两个方面：一方面，通过研讨诸子学派关于法学思想的变迁而知法律哲学之原理原则。因为"欲明法学之系统，当从法律哲学，以研究法律现象之最高原理或根本原则"。只有知晓法律哲学之原理原则，才能知法学系统未来的发展方向。"盖学者虽依沿革的研究，而知古今法律变迁之所自；依比较的研究东西洋法律异同之所在；依分析的研究，而知现行法律所认之原则。然此仅足以知法律之为何物（过去），法律之成为何物（现在），仍无以明了法学之系统。完成研究之目的，故必综合沿革的、比较的、分析的研究之结果，进而研究法律现象之最高原理，以理解法律可成为何物（将来）。夫而后法学之系统，乃能穷原竟委矣。"②在此，可看出丁元普对中华法系的认识已提到了一个新的高度，他并不仅仅把中华法系看作中国古代法典之集合，而是深入其背后，探究法律思想的变迁，不可谓不高屋建瓴。另一方面，通过研讨古今法典之沿革、成立经过及未来，体认法典背后之精神，亦即中华法系之精神。

第三，他分析了中华法系的产生、发展、衰落过程。"法学思想之蜕变，皆有系统之可寻。吾人研究中华法系成立之经过，不可不探索其源流之所自也。"③"我国自上古以至春秋战国，其间法系之相承，厘然井然，各有其渊源，各立其统绪。吾人研究而整理之，可知礼法分化之途径，法律哲学思想之变迁。由自然法（即理性法）而进于人为法，绵绵延延，历五十年而弗替。中华法系之成立，殆非偶然也。"④中华法

---

① 丁元普. 中华法系成立之经过及其将来 [J]. 现代法学, 1931, 1 (4).
② 丁元普. 中华法系成立之经过及其将来 [J]. 现代法学, 1931, 1 (4).
③ 丁元普. 中华法系成立之经过及其将来 [J]. 现代法学, 1931, 1 (4).
④ 丁元普. 中华法系成立之经过及其将来 [J]. 现代法学, 1931, 1 (5).

系赖以成立的根基在哪里？丁元普认为是民族之精神。"国于大地，必有兴立，兴立者何？民族之精神结合而已。民族之精神表现，则在固有之文化与道德，而法律为'形而上学'，则运用民族固有之文化与道德，故法律系统，亦即本此种精神而成立，绵绵延延以迄今日也。"①

他把中华法系的发展过程分为创立时期、演进时期、发展时期、中衰时期与复兴时期。他认为，以中华民族历史之悠远，具体确切地说中华法系创立于何时，并非易事。但他综合考察了儒家与法家，认为"盖礼治之学说，实先乎法治，其统治力之比较，则所谓礼者禁于未然，法者治于已然；礼为自然法，法为人为法；礼具社会制裁力，法具国家制裁力；礼以道德为基本，法以刑罚为基本，此大较也。故考察中华法系成立之过程，不可不注意此事态之发展。礼治法治之两大学派，其间经春秋末叶以逮战国，下迄秦汉，相抨击，相调和，相陶镕，以驯至于'礼刑一致'之观念，乃始水乳交融，确立中华法系之基础"②。此后，自春秋战国时期以至秦，中华民族逐渐而发展成为统一的大民族，而中华法系，亦于此时期，由儒家思想、法家思想，变化错综，剧烈演进而蔚为奇观，此可为中华法系创立和演进时期。

丁元普对两汉法律给予极高的评价。他认为，秦以前多有黜儒崇法之积习，即使汉初，萧何所制《九章律》，虽具有开创之精神，但萧何起于秦吏，所定之律并未接近儒家思想。至汉武之后，才表章六经，提倡儒术。两汉时期，律学昌盛，类皆父子相承，世修其业。比如，西汉的杜周、杜延父子，东汉的陈躬、陈宠父子皆是如此，可见两汉律学人才辈出。③但"汉代不仅法家有所表现而已也，即儒家亦能本其所学，

---

① 参见丁元普. 中华法系与民族复兴 [J]. 中国法学杂志月刊，1931，1 (7).
② 参见丁元普. 中华法系与民族复兴 [J]. 中国法学杂志月刊，1931，1 (7).
③ 丁元普. 中华法系与民族复兴 [J]. 中国法学杂志月刊，1931，1 (7).

研究法律，使儒家思想与法家思想，镕冶于一炉，以确立继往开来之盛业，实为空前之记录"① "我中华法系之昌明，当推两汉；而调和儒法两派之思潮，使之合同而化，则发扬光大之精神，必以汉儒为巨擘也"②。而汉以后，曹魏、西晋及南北朝之曹魏刑律十八章、晋律及北魏律、北齐律等也直接或间接源于汉律。

至隋国家统一，而有《开皇律》和《大业律》，而以《开皇律》具有创制之精神。唐初大半因袭隋之《开皇律》。"然其后因长孙无忌等撰《唐律疏议》，集历朝之大成，以立其范，其精神远胜于前代。不特开中国法典方面之新纪元，且为中华法系之中心焉。自是厥后，历五代、宋、辽、金、元、明、清，皆莫离唐律之范围。"③所以，丁元普认为，自汉至唐为中华法系之发展期。"由上观之，中华法系发展之程序，可分为两个阶段：自隋以前，其系统承于汉律；自隋以后，其系统则承乎唐律。"

但自唐以后，中国历五代至宋，辽金元等外族杂糅，且外族不断入主华夏，他们认为律法无足轻重。故此时代，中华法系日趋衰微。而有宋一代，虽有《宋刑统》，但编敕盛行，且以敕代律普遍存在。明清则以例附律，法律本身已失法治之精神。这些法外的敕、例等导致了众多的法律黑暗，此实为中华法系中衰之时期也。④可见，在丁元普这里，首先他认识到了唐宋是中华法系的转型期，唐是中华法系鼎盛的代表，而宋则是中华法系中衰的开始。他对唐宋法律持有二分的观点。唐宋转型得到近世多数学者的认可，但唐宋法律状态确有不同观点。"隋唐时

---

① 丁元普. 中华法系与民族复兴 [J]. 中国法学杂志月刊, 1931, 1 (7).
② 丁元普. 中华法系与民族复兴 [J]. 中国法学杂志月刊, 1931, 1 (7).
③ 丁元普. 中华法系与民族复兴 [J]. 中国法学杂志月刊, 1931, 1 (7).
④ 丁元普. 中华法系与民族复兴 [J]. 中国法学杂志月刊, 1931, 1 (7).

期发展至顶点的中国封建社会的经济、政治和文化等，需要有一个继续释放、继续消化的时期，而在释放、消化的过程中，社会还是获得了比较快的发展。"① "说宋王朝是中国古代法和法学发展的最发达阶段，是中国古代法制成就的高峰，这一点基本上是正确的。"② "两宋法制，无论是行政立法、民事与财政金融立法都取得了显著的发展。律学也摆脱了对经学的附庸，更着眼于司法应用。在两宋统治期间，先后与辽、西夏、金鼎立对峙，使得中原法文化在广阔的民族地域里得到了传播和交流。从现存的辽、西夏与金的法律中，不仅反映了法文化交流的明显痕迹，而且表现了少数民族法制文明的迅速提高，以及其对中华法系的贡献。"③

丁元普循着历史的脉络，对中华法系的产生、发展情况做了细致的剖析。这既是对法律发展的梳理，也是对法律背后所暗合的民族思想文化的解读。所以，他的解读也必定是深刻的。

第四，中华法系之特点。

（1）中华法系的基础：儒家思想。"中华法系之基础，实为儒家思想所构成，非过言也。"④丁元普充分肯定了儒家思想在中国法律发展过程中的地位和作用。"自秦汉以来，儒家思想深入法律系统之中。虽论者谓中华数千年来法律绝鲜进步，未始不由于中儒家'迂阔'之病。然儒家思想，实握有法律上最高原则之权威，其哲理、其学说，为一切谈法治者之标准。而我民族之精诚团结，虽间有变乱，卒归统一者，其

---

① 何勤华．中国法学史：第二卷［M］．北京：法律出版社，2006：2.
② 何勤华．中国法学史：第二卷［M］．北京：法律出版社，2006：2.
③ 张晋藩．中国法制史［M］．北京：商务印书馆，2010：242.
④ 丁元普．中华法系与民族复兴［J］．中国法学杂志月刊，1931，1（7）．

传统之思想，实有不可磨灭者在此。"①

（2）民刑不分。"以法治国之观念，至战国而始发达。古代所谓法，即为刑罚之意义，所谓'出于礼即入于刑'。此种观念，实为道德制裁与法律制裁合而为一。故自汉唐以迄明清之法典，民刑不分，违法者即处以刑。虽按之现代法制，不免谓其混合，然证诸我国法系上之因袭，要自有其固有之精神也。"②丁元普认为，民刑不分是我国法系之固有精神，这并非我国法系落后之表现，反而是一大进步。"惟我国古代法系上之精神，要为礼刑一致的观念，故刑罚实寓有教化主义，以助成伦理的义务之实践为目的……其刑罚之动机，皆在教化。此实法律观念之一大进步也。"③

他还着重分析了我国法系民刑不分之由来。"盖我国古代之法律，绝对取国家干涉主义，以伸张其国家科刑权。又本于礼刑一致的观念，为其传统政策。《唐律疏议》所请'德礼为政教之本，刑罚为政教之用，犹昏晓阳秋相须而成'，此即民刑不分之由来。自民国以前之法系，大率本此种观念所构成。若罗马时代之制定法律，最初则出于人民之要求，而编纂法典之委员中，平民占大多数，故法典关于人民之私权，非常伸张。此其特异之点也。"④

"要之吾中华法系传统之精神，固由于礼刑一致之观念，而进化之途径，实由宗法而扩大为国法。而我国之刑法，独臻发达，与罗马式法典，注重于民法，各有其历史与环境之关系，正不足为诟病也。"⑤"东

---

① 丁元普．中华法系与民族复兴［J］．中国法学杂志月刊，1931，1（7）．
② 丁元普．中华法系成立之经过及其将来［J］．现代法学，1931，1（5）．
③ 丁元普．中华法系成立之经过及其将来［J］．现代法学，1931，1（5）．
④ 丁元普．中华法系成立之经过及其将来［J］．现代法学，1931，1（5）．
⑤ 丁元普．中华法系成立之经过及其将来［J］．现代法学，1931，1（5）．

西两大国，法系之进化，各殊其途径，其时代之背景，如民族、国家、社会习惯等，各有环境之不同，要不足以自豪或自贬也。"①

他通过历代法典的沿革，找出影响我国固有法律的变革观念是礼刑一致，并不逊色于罗马法的重民法现象。他并不是简单地进行优劣对比，而是更深刻地看到了不同民族历史进程和价值取向的不同，或者说是中西文化之间的差异。

第五，中华法系的复兴。"吾中华法系，虽时至今日，有若存若亡之势，然以民族立场而论，社会生活不绝进化，生存状态亦不绝推移，法律之进化，与社会之进化成为正比例……中华民族之复兴，与中华法系之复兴，实为一贯而不可分，而其复兴之基础，当本其固有之文化道德，发扬而光大之，以期达于昌盛之境域，可断言也。"②可见，丁元普对中华法系的复兴是充满信心的。当然，在丁元普这里，复兴的中华法系，已非历史的简单回归，对各国制度和学说的参酌是必要的，但新时期的中华法系应以"三民主义"为立场，因为它与儒家之"民本思想"是相符合的，它代表了中华法系的固有精神。③

总之，丁元普的论文与其他中华法系研究者的最大区别在于，"它已经超越大段罗列法制史料的做法，重点不在于描述中华法系发展的过程和其间出现的现象，而是注入了法哲学思辨的色彩。用抽象的研究法总领全文，分析出古代诸子中的法学派别，指出法学思想发达的原因和路径"④。

----

① 丁元普. 中华法系与民族复兴［J］. 中国法学杂志月刊，1937，1（7）.
② 丁元普. 中华法系与民族复兴［J］. 中国法学杂志月刊，1937，1（7）.
③ 丁元普. 中华法系与民族复兴［J］. 中国法学杂志月刊，1937，1（7）.
④ 张晋藩. 中华法系的回顾与前瞻［M］. 北京：中国政法大学出版社2007：14.

四、对西方法学流派的介绍与评析

丁元普在学术上是一个中西会通之人。在其著作中，他对西方法学流派如注释法学派、历史法学派、分析法学派、哲学法学派、社会法学派等也有深入分析。同时，他用西方学说分析中国法律思想。"吾国法律思想，之古代如孔子、老子、墨子，三家之学说，皆属哲学思想，且兼有社会学之性质，其思想之解放，则又近于自然法学派。至战国时李悝、商鞅、韩非之徒，则皆属历史法学派者也。若中古时期，汉儒之章句，唐律之疏义，则可称为注释之方法矣。改革以来，立法之精神，大都适合社会之需要及其状况以制定法律，与二十世纪之法律思潮之趋势，盖已隐相吻合矣。"①这种类比虽有牵强附会之嫌疑，但不得不承认它是认识中国古代法律思想的一个角度。

第二节　杨鸿烈之《中国法律思想史》

杨鸿烈（1903—1977），别名宪武，曾用名炳、志文，云南省晋宁县人。国立师范大学外文系毕业后，入清华大学国学研究院研究历史。1927—1928 年，由梁启超介绍，胡适函聘，出任天津私立南开大学教师。1928—1931 年，由胡适聘请，出任上海中国公学大学部文史系教授兼主任。1931 年，赴北京师范大学授课。1932 年，任云南大学师范学院院长兼教授。1933 年，任河南大学历史系主任。1934—1937 年，留学日本东京帝国大学文学部大学院（即研究生院），获博士学位。

---

① 丁元普. 法学思潮之展望 [J]. 法轨，1934（2）.

1938 年，在香港从事中国近代与各国交涉史研究工作。1939—1940 年，任无锡国学专科学院教授。

抗日战争中期，1941 年至 1945 年 8 月，杨鸿烈曾任汪伪国民政府宣传部编审司司长、国史编纂委员会委员，但主要工作是负责中央大学史学系教学工作。1946—1955 年，任香港星岛日报英文译员、香港大学讲师，并撰写中国民商法史及英文版的《中国法律发达史》等著作。1956 年返内地，任广东省文史馆馆员。①

杨鸿烈的学术思想比较丰富，在文史哲领域均有建树。在近代哲学史上，他留下了悲观主义的论调，认为，"世上多有一个抱人生悲观主义的人，就减少了无数罪恶"。又说："我们今后应该怎样呢，那就是本着人生悲观的原理，光明纯洁地向前活动，以行吾心之所安。这就是我们合理的生活态度。"②和他哲学上的悲观主义论调相呼应，在宗教领域，他提倡基督教忏悔主义，慨叹："只有多增加知识便易促其忏悔之机了！唉，桃花源何处可寻？人类的罪恶，何日能免？苟不忏悔，何以为人！"③

在文学领域，杨鸿烈的成果也颇多。《中国诗学大纲》（商务印书馆）、《中国文学观念的进化》（《京报副刊》1924 年第 1 期）《什么是小说？》（《京报副刊》1924 年第 15 期）等作品充分说明他在这一领域的广泛思考。

杨鸿烈的主要学术成就集中在历史学领域。在历史问题、史学理论、研究方法等方面都有专门论述。《袁枚评传》（商务印书馆）、《史地新论》（《北京晨报》1924 年）、《史学通论》（商务印书馆

---

① 参见何勤华. 杨鸿烈其人其书 [J]. 法学论坛，2003（3）：89 - 96.
② 杨鸿烈. 悲观主义新说 [J]. 哲学，1922（6）.
③ 杨鸿烈. 说忏悔 [J]. 哲学，1923（8）.

1934 年）、《历史研究法》（商务印书馆 1939 年）是其在这一领域的代表作，他的唯心主义多元综合进化史观得以在此展现。在这些著作中，充分表达了他对某些历史问题的看法。比如他不赞成新旧史学的说明而主张用"今昔"的表述，以免有褒贬之嫌。在方法上，他详细阐述了历史资料的收集、整理、辨伪等问题，奠定了重要的方法论基础。

杨鸿烈一直在法律史领域耕耘，主要著作有《中国法律发达史》《中国法律思想史》《中国法律对东亚诸国之影响》等，不论是法制史还是法律思想史，它们均是中国近代法史学的奠基之作。《中国法律发达史》出版于 1930 年，此书以中国法律制度史为主，同时也涉及法律思想的发达以及各个时期对法律理论有独到见解的人物。

总之，杨鸿烈其人"博学多才、头脑灵活，其著作的最大特点，是材料丰富：新旧中西，无所不用；上下左右，无所不采。优点在为读者提供诸多观点与线索；缺点在使著作的独创性不足，因人成事，并非因难见巧。然而，又可见杨氏读书甚广，抄撮甚勤，排比综合、钩玄提要功夫甚深。引证虽繁虽丰，但以类相从，秩序井然。一一分析，或取或扬，自然而然地引出自家结论，行文容或冗长，而结论扬弃百家。数量不避侈陈，烟云不妨堆垛，而博雅离于其中。结论或伤承袭，而材料皆有来历，堪称别具一格，亟待拈出"①。

杨鸿烈的《中国法律发达史》此前已出版，此书以及其后的《中国法律对亚诸国之影响》表明杨鸿烈特别重视中华法系的研究。他对中华法系的成因、概念、特征、分类以及在世界法系中的地位都有重要论述。同时，他认为，要想彻底了解中华法系的内容，最首要的任

---

① 李洪岩. 杨鸿烈的史学思想［J］. 史学理论研究，1994（3）.

务即在要懂得贯通整个"中国法系"的思想。于是他写了《中国法律思想史》一书，于 1936 年出版。在《中国法律思想史》一书中，杨鸿烈第一次系统地论述了殷周至民国初期中国法律思想发展的全过程，建立了中国法律思想史学的体系，从而成为中国法律思想史学的奠基人。具体而言，《中国法律思想史》的贡献主要体现在以下四个方面。

一、初步奠定中国法律思想史学科体系

杨鸿烈在《中国法律思想史》这本书中，真正全面注意到了关于法律的特有问题的思想史。这样，他就把中国法律制度史和思想史分别作为独立学科了。因此，一般把这本著作称为"中国法律思想史的开山之作"，从此中国法律思想史学的研究得以独立展开。

在《中国法律思想史》"导言"中，杨鸿烈明确指出："中国法律思想史是研究中国几千年以来各时代所有支配法律内容全体的根本原理，同时并阐明此等根本原理在时间上的'变迁'与'发达'及其在当时和后代法律制度上所产生的影响。"[①]它包含了两层含义：第一，中国法律思想史重点考察中国法律思想的变迁过程；第二，中国法律思想史的研究离不开对法律制度的研究。对法律思想与法律制度的研究构成了中国法律思想史研究的两个重要范畴。但中国法律思想史与法律制度史的研究范畴又有明显不同。"中国法制史是以中国历代法律制度的兴废与其演进的情形为研究的对象。"[②]

中国法律思想史研究对象与范畴的确定，表明杨鸿烈对法律思想史

---

① 杨鸿烈. 中国法律思想史 [M]. 北京：中国政法大学出版社，2004：导言.
② 杨鸿烈. 中国法律思想史 [M]. 北京：中国政法大学出版社，2004：导言.

本身有了更深层次的认识，这种认识对中国法律思想史学科的创建起到了重要的推动作用。

二、对中国法律思想史的分期

在《中国法律思想史》一书中，杨鸿烈根据中国法律思想发展的特点并结合学派的变化情况将中国法律思想发展的历史过程划分为四个时代，即所谓殷周萌芽时代、儒墨道法诸家对立时代、儒家独霸时代和欧美法系侵入时代。第一次向人们揭示了本学科几千年以来的发展轨迹，为这个领域的科学研究带来了一种创发精神。

殷周萌芽时代涉及甲骨文法律思想资料的缺乏、金文神判法的思想及其影响、尚书"德主刑辅"的思想与周易"非讼"思想的影响等。

儒墨道法诸家对立时代涉及儒家孔子、孟子、荀子的法律思想，墨子的法律思想，杨朱、列御寇与老子、庄子、关尹子、鹖冠子的法律思想，诸家思想对立研究的必要，法家思想的时代背景，法家的先驱管子、子产、邓析，战国末年法家所受儒墨道三家的影响，组织法家学说成为有系统的学派的慎到、尹文、韩非，儒法两家学说的综合批评，法家思想支配先秦各国法典内容的考证。

儒家独霸时代涉及汉时独尊儒家为战国至秦以来盛极一时的"任刑的法治主义"的大反动，儒家思想支配下两千多年来法律内容全体的根本原理实无重大的改变。

欧美法系侵入时代涉及欧美各国在华领事裁判权确立使中国法系受一大打击，"权利""义务"等学说的输入使国人不满意旧法制，新企业发生旧法制不足应付，八国联军后刘坤一等痛陈变法救亡，英日美葡商约对改革旧法制的兴奋，沈家本诸氏研究外国法律的热心，删除凌迟枭首戮尸等野蛮刑名的建议，改正旧律不能保障人权的部分，促进满汉人民在法律上完全平等，新刑律的起草及其与旧律根本不同之三要点，法治派与礼教派之大论战，民国初年礼教派的得势，世界大战以后各国法律均改以社会为本位，"权利趋于社会化""契约趋于集合化"，我国法律思想又发生一大变化，国民政府所颁布的刑民法典实另辟一新纪元，三民主义的立法与我国古代法律思想不同，与欧美的法律观念尤异，民法总则债权编物权编即其实例，亲属编继承编推翻几千年来旧礼教所护持的名分亲属关系宗法观念，刑法充分表现改善主义的精神，男女完全平等，礼教观念极为淡薄，民族思想很盛。①

这种分期法的学术生命力表明杨鸿烈对中国法律思想发展的特点的认识是十分深刻的，把握是相当准确的。杨氏能达到这样的认识境界，与他在法学和史学方面的双重知识修养是分不开的。正如他在此书的结论中所说："中国法律思想的范围牵涉得很为广大，内容的义蕴很为宏深，问题很为繁多，不是只懂法学而不熟习史事的人所能窥其究竟，也不是专攻历史不娴法学的人所能赏识或拣择其有关系的浩如烟海的史料。"

杨著出版于1936年。当时，中国由漫长的封建时代向近现代转轨的时间尚不很长，学术思想虽极活跃，但远远谈不到已臻于成熟。杨氏将中国法律思想发展的历史过程，划分为四个时代，虽然具有开创性意义，但经过仔细审察，人们发现其中存在许多重要问题值得重新研究。比如对儒、墨、道、法对立时期的概括，就是不全面的。因为当时各家各派的论争，涉及面极为广泛。仅就法律思想而言，参与论争的，除此四家之外，尚有阴阳家、杂家乃至名家和兵家等学派。它们各有主张，各为议论，只提此四家而无视其他各家，无疑是不适

---

① 参见何勤华. 杨鸿烈其人其书［J］. 法学论坛，2003（3）：89－96.

当的。而且所谓争鸣的实质内容，也并不只是相互"对立"，而是同时还有相互间的影响、容纳和吸收。当时在许多论说中所表现的"儒表法里"或"阳儒阴法"等观点，都并非"对立"一端所能概括。①关于儒家独霸时代，恐怕也不符合史实。西汉中期以后，虽然基本确立了"罢黜百家，独尊儒术"的思想，也暂不说"儒表法里"或"阳儒阴法"的问题，就儒家思想本身来说，所谓正统儒家思想也经过了隋唐佛学的入侵以及宋明两代朱熹、王守仁等人的改造，从而获得新的动力，加强了对立法和司法的影响与支配，所以近两千年儒家思想一成不变的说法值得怀疑。

三、中西古今法律史料的广泛运用

在《中国法律思想史》一书中，杨鸿烈对史料的运用是相当广泛的。他曾入清华国学院学习，受业于梁启超等名师，国学功底深厚，对中国法律史材料很熟悉，所以书中对古文的引文信手拈来。但他并不局限于引述古人史料，而是大量吸收中国近代著名学者的研究成果。其书中涉及的近代著名学者有沈家本、王国维、梁启超、章太炎、江庸、董康、王宠惠、王世杰、丘汉平、吴经熊等人。他对这些学者的论著和观点做了大量的引证和评述。特别是对沈家本的法学论著和法制实践的研究和评价，对近年来杨鸿烈的研究影响很大。尤其值得称道的是，他的著作中引用的外文资料之多为今天的中国法律史学者所叹为观止。他在书中吸收了英、美、法、德、日、俄等国学者的研究成果，特别是吸收和利用日本学者的研究成果很多。这也显示了杨氏外文功底的深厚和知识的广博，值得我们学习和尊重。在《中国法律思想史》一书中，他

---

① 参见饶鑫贤. 中国法律思想史分期问题商兑 [J]. 法学研究, 1999（3）.

也注重对当代法律思想的研究。他认为，清末民初的中国法学者已能将欧美的法律思想咀嚼消化，所以才能够拿来和本国固有的法律思想冶为一炉。杨鸿烈对当代法律史的重视，使法律史学对现实法律的改良有了直接的干预作用，使法律史学超越了认识价值的范围而具有了一定的实践价值。

四、多元研究方法的运用

《中国法律思想史》一书中共列举了三种研究方法：

（1）笃信谨守的研究法。即对历代法律及著作的原理和规则加以考证注释的方法。他认为这种研究方法的长处是精密踏实，缺点是过于拘谨。

（2）穷原竟委的研究法。指时代研究与问题研究相结合的方法。所谓时代研究法，是将中国法律思想从古到今的历史划分为几个时期分别加以研究。他认为这种研究法的长处在于能清楚明白地了解法律思想的发展变迁经过，缺点是同一时代里资料太多，对于各种问题难以详细叙述，须与问题研究法结合运用。问题研究法是把法律思想史的内容分为若干问题分别研究，将研究的事项划出范围，如他在《中国法律思想史》专门涉及的"大赦""肉刑""复仇""族诛连坐"等题目，研究每个问题在不同时代的发展趋势、学者对于各种问题的看法。杨鸿烈特别重视问题研究法对思想史研究的重要性。他指出，思想史本身就是问题史，没有问题意识，是不能研究思想史的。他认为，这种研究法的长处是对各种问题能有系统的认识，方便加以评判。缺点是时代常有隔断，多不衔接之处。因此很难看出思想变化的经过情形，还有各种问题的相互关系也不易明了。所以书中采用此种研究方法时，仍用别的方法补其不足。正是在他的深刻认知下，此后十几年，中国法律思想史的著述相继出版，法律史工作者在艰苦条件下为中国法律思想史的发展做出了可贵贡献。

（3）哲理的研究法。即将中国历代学者关于法律思想的论述，按其特点分为各种派别加以研究。哲理研究法运用到思想史的研究中，不但要求研究者具有广博的法学、史学知识，也要求研究者具有哲学的素养。他认为这种方法的长处是容易说明每一学派的思想渊源、发展变化及大派里所含小派的分合，缺点是时代隔断，影响纵的连贯性。因以上三种方法互有长短，故书中酌情互用。

第三节　秦尚志之《中国法制与法律思想史讲话》

本部分主要围绕《中国法制与法律思想史讲话》这部著作介绍秦尚志在中国法律思想史学的主要研究领域及影响。

《中国法制与法律思想史讲话》，是为数不多的在中国法律思想史作为学科正式确立前以法律思想史命名的中国法律思想史专著。全书共由九章构成：总说、殷商时期、春秋战国、秦汉、魏晋南北朝、隋唐、宋辽金元、明清和近代。每一时期都从法律制度和法律思想两个方面结合论述。

一、法律制度与法律思想的关系

很显然，《中国法制与法律思想史讲话》是把法律制度与法律思想一并叙述的。作者首先对法制与法律思想的关系做了简要概括："法制是指法律制度、法典编纂、讼狱情形等，是现实的；法律思想是指历代政治家和学者对于法制方面的意见和历代支配法律内容的根本原理，是理论的。但两者有不可分的关系，有交互的影响。离开现实的理论不是'思想'，是'乌托邦'式的梦想。但思想不能决定存在，法制和法律思想都是跟随各时代不同的社会基础而变动的，两者的变动是一致的。因此把中国历代法制和法律思想并在一起叙述是可以融会贯通的。"① 可见，秦尚志已深刻认识到法律制度与法律思想之间既不同又紧密联系的关系。法制史与法律思想史的学科分野，在学科成立之初即已存在，长期以来的学术研究，也呈现出法制史"一头沉"的现象。"在研究领域，这种'学科'的分野，也为人们带来了极大的困惑和误解，比如认为中国古代只有法律制度而无法律思想，难道这种没有理念、缺少灵魂的'制度'在现代社会中不应该被冷落和抛弃吗？然而，恰恰是因为中国历史的久远，恰恰是因为思想的传承性，使我们在现实的法律发展中备受传统的影响甚至左右，而传统法的作用和走向决定于整个社会对传统价值的态度。有意的抛弃和不经意的无视，将使动力变成阻力；珍惜它，并有意识地改造和更新，将会使传统变成根基稳固的平台，在这个平台上，我们可以充分展示中华民族的创制能力，可以寻找到最适合我们自己的发展途径。"② 秦尚志的《中国法制与法律思想史讲话》，使法制史与法律思想史合一，使人们在明了制度之"其然"时，也明了制度之"所以然"，使人们对中国传统法有了全面的了解。

---

① 秦尚志. 中国法制与法律思想史讲话 [M]. 北京：世界书局，1943：小引.
② 马小红. 珍惜中国传统法——中国法律史教学和研究的反思 [J]. 北方法学，2007（1）：143 - 154.

二、中国法律思想史阶段的划分

秦尚志对中国法律思想的演变做了三阶段划分法：先秦—中古
（汉—清）—近代。"在中国的中古时代，自汉到清整个的两千年中，
儒家成为支配思想。法制和法律思想—循礼治主义的方针，绝少变动。
对于礼治主义，没有一个学者敢非难。因此这长时期中绝无先秦那样灿
烂的法律思想，只是枝枝节节的法律问题争辩而已。直到近代，社会基
础变动，欧美法系侵入，中国的法制和法律思想才展开了新页。"① 通
过简单的概括，先秦法律思想的多样化、中古（汉—清）法律思想的
礼治主义、近代法律思想受欧美法系侵入的影响等特征了然于胸。

由于各时期有对应的法制与法律思想的内涵，作者据此又把中国法
制与法律思想划分为：原始时代、礼刑对立时代、法治时代、礼法调和
时代、欧美法系侵入时代。原始时代指殷商时代，作者认为，这一时
期，无法律可征，裁判囚犯的权力掌握在僧侣手中，行神判法时代。在
政治方面也是神权政治时期。② 当然就目前的研究而言，说殷商时代属
于神判法时代是尚可质疑的。"中国在这方面的进展较其他民族为早，
有史以来即已不见有神判法了。"③ 礼刑对立时代主要指周初，因为周
初行封建制度，政治方面是大小贵族统治，贵族与农奴对立，同时是礼
与刑的对立。法治时代则涵盖春秋战国到秦这一时期。此时封建制度动
摇，士大夫、地主、工商业者抬头。政治方面，由贵族统治转为中央集
权的君主专制政治。士大夫等要求贵族公布法律获得胜利，并逐渐取代

---

① 秦尚志. 中国法制与法律思想史讲话［M］. 北京：世界书局，1943：小引.
② 秦尚志. 中国法制与法律思想史讲话［M］. 北京：世界书局，1943：2 - 3.
③ 瞿同祖. 中国法律与中国社会［M］. 北京：中华书局 2003：271.

贵族的统治地位。政府为集中全力厉行法治，大肆干涉人民的公私生活。所以作者也深刻指出，此时的法治并不是现代意义上真正的法治，而是把人民当作"朕即国家"的工具。儒法调和时代，则指自汉中期至清末这一相当长的时期。这一时期主要为儒家思想的统领时期。当然中间会兼容并蓄其他思想，但儒家的道德、礼教、伦常等始终是立法的根基。直至晚清，中国的社会根基才发生根本的改变，法律也随之发生改变。欧美法系的影响十分显著，法律与礼教重行分离，此为欧美法系侵入时代。①

三、几个突出的研究特点

（一）注重挖掘法律思想背后社会背景的变化

秦尚志在其著作《中国法制史与法律思想史讲话》中，特别注重挖掘法律思想背后社会背景的变化，他指出了法制与法律思想和社会的关系，它们都是由社会决定的。"法律是意识形态之一，它是随着社会基础（经济构造）的改变而改变的。中国法制与法律思想的特色，就由中国特殊的社会经济而来。我们看到一时代的法制及法律思想就该记得它和当时社会经济的联系。"②所以，在其书中对历史人物的分析，都有社会背景的概括。比如他对道家的概括是："道家所代表的，大概是封建制度动摇时正在没落中的小贵族。他们否定商业王国，主张无为……不要王权政治。"③因此在法律思想上，老子最推崇自然法，认为人为法违反本性，徒劳无功。他对墨家的概括是："战国时代都市无产

① 秦尚志．中国法制与法律思想史讲话［M］．北京：世界书局，1943：2-3.
② 秦尚志．中国法制与法律思想史讲话［M］．北京：世界书局，1943：1.
③ 秦尚志．中国法制与法律思想史讲话［M］．北京：世界书局，1943：21.

自由民的组织……墨家也是有宗教性质的团体。他尚鬼尊天，依托大禹……墨家重实利，他的思想全从实利主义出发。"①

（二）对学派传承性的高度关注

秦尚志在《中国法制史与法律思想史讲话》中，对儒家、道家、法家等各学派的发展脉络有清晰的梳理和分析。

儒家的法律思想以孔子、孟子、荀子为代表。孔子出身贵族，在礼崩乐坏的背景下，他想力挽狂澜，改进封建制度。所以在政治上，他主张"正名"，以维护封建制度下的身份等级制度，他是坚决主张礼治的。"对于法治，孔子是不满的。不过孔子有着君子的态度，当时法治思想也并不怎样激烈，故孔子不攻击或破坏法治，他只消极地感到不满。"②"道之以政，齐之以刑，民免而无耻；道之以德，齐之以礼，有耻且格。"（《论语·为政》）"礼乐不兴，则刑罚不中；刑罚不中，则民无所措手足。"（《论语·学路》）这些都是孔子对礼治和法治的典型态度。孟子接续孔子，仍然主张封建的等级制度。但孟子所处时代，新兴的士向贵族争取政权的斗争十分激烈。因此孟子一改孔子雍容的君子态度，为了与贵族争取权力，提出了"贵民说"（民为贵，社稷次之，君为轻）（《孟子·尽心章句下》），但秦尚志已深刻指出，孟子并不是"民主主义者"，他"始终不会主张人民自己支配政权，他以为'治人'者不需要法律的拘束，只负'道''义'上的责任；法和刑原是对付'治于人'者的"③。在德治与法治的关系上，"孟子有着儒家一贯的思想，就是'德主刑辅'说"④。"尧舜之道，不以仁政，不能平治天下。

---

① 秦尚志. 中国法制与法律思想史讲话［M］. 北京：世界书局，1943：25.
② 秦尚志. 中国法制与法律思想史讲话［M］. 北京：世界书局，1943：17.
③ 秦尚志. 中国法制与法律思想史讲话［M］. 北京：世界书局，1943：18.
④ 秦尚志. 中国法制与法律思想史讲话［M］. 北京：世界书局，1943：18.

今有仁心仁闻，而民不被其泽，不可法于后世者，不行先王之道也。故曰：徒善不足以为政，徒法不能以自行。"（《孟子·离娄上》）"不过孟子时代究竟不是孔子时代，孟子看到当时社会发达的趋势，对于商业资本家是承认其权力的。可见孟子的认识比较进步些了。然而孟子犹不及后起的荀子。"①"荀子时代已是战国末期，社会构造变化，贵族已失去权威，商业资本抬头，士大夫和自由民正式从被治的地位而上升为统治者的地位，他们做了帮助国君统治的官僚。各国的外交军事乃至内政，多起用士人，于是在战国末期，法治思想特别发达。工商业者和士人都倾向于法治主义。就是儒家也未能外此。儒家的荀子正是从礼治到法治的过渡者。"②荀子从根本上仍是封建派，主张礼治。但荀子的礼已不同于孔子的礼。孔子的礼靠德施行，而荀子的礼靠权力施行，而权力无外乎刑罚，所以荀子的礼距离法已很近了。所以，秦尚志归结荀子是儒家和法家的过渡人物。他是儒家的集大成者，又是法家的开启者。荀子的两大弟子韩非和李斯都是法家的代表人物。③

　　道家代表的是没落贵族的利益。其基本思想是避世，在政治上主张无政府主义、无为而治和自然法，不论老子还是庄子都是如此。"但庄子的避世念头更浓厚，自然主义的色彩也更深。"④但作者仍深刻地认识到："老子的无政府主义，乃是商业王国的否定，至于土皇帝式的封建制度，没落贵族是求之不得的。"⑤

　　法家同样有着自己的发展脉络。从慎子、申不害到商鞅再到韩非，

---

① 秦尚志. 中国法制与法律思想史讲话［M］. 北京：世界书局，1943：18.
② 秦尚志. 中国法制与法律思想史讲话［M］. 北京：世界书局，1943：18－19.
③ 秦尚志. 中国法制与法律思想史讲话［M］. 北京：世界书局，1943：19－20.
④ 秦尚志. 中国法制与法律思想史讲话［M］. 北京：世界书局，1943：23.
⑤ 秦尚志. 中国法制与法律思想史讲话［M］. 北京：世界书局，1943：24.

"慎子所谓法治，是很极端的，他根本否认人治，而主张法治"，认为"恶法亦法"，"慎子所谓法，客观之至，公平无私，和度量衡的器一样"①。申不害任术而任法，商鞅任法而任术，而韩非主张法术并用。韩非除了吸收前人的法术观，还重视势的运用，所谓以势行法、抱法处势，而成为法家集大成者。②

(三) 各学派的横向对比研究

在《中国法制史与法律思想史讲话》中，作者除了对每一派纵向的梳理分析，还就同时代各学派进行横向对比研究，反映出各学派之间有对立冲突，也有相互吸收。

比如儒家与法家各持的人治与法治，他认为，"法治的精义在于否定人治，赏罚全依于法，而且在赏罚之前，人皆平等"③。以此正对于儒家的"礼不下庶人，刑不上大夫"。墨家与道家都有对天的崇尚。"但墨家的天志与道家的自然法大不相同。道家是主张'天网恢恢，疏而不失'，听其自然。墨子的法律观念，是赏'正义'为法律标准，天道无私，最合正义，故宜法天……墨家只以抽象的天意，来定法律标准……墨家崇法的精神和法家也相似呢。"各学派之间的对立跃然纸上。

但各学派之间并非只有对立，还有相互影响与吸收。比如他认为，法家吸收了道家的思想。"后来的法家袭取老子的'无为说'以为明定法令，君子可无为而治；又袭取老子的愚民政策，以为人君南面之术。道家居然变为法家的远祖了。"④ 甚至更进一步，"法家的学说，除了本他自己的立场而创说外，还兼受儒道墨三家的影响。在儒家，如荀子的

---

① 秦尚志. 中国法制与法律思想史讲话 [M]. 北京：世界书局，1943：28.
② 秦尚志. 中国法制与法律思想史讲话 [M]. 北京：世界书局，1943：27 - 44.
③ 秦尚志. 中国法制与法律思想史讲话 [M]. 北京：世界书局，1943：40.
④ 秦尚志. 中国法制与法律思想史讲话 [M]. 北京：世界书局，1943：22.

礼治论；在道家，如老子的无为而治和愚民政策；在墨家，守法重法的观念和实利思想，俱有影响于法家"①。韩非法治论的终极在于无为而治，但并非道家的无为观。

---

① 秦尚志. 中国法制与法律思想史讲话［M］. 北京：世界书局，1943：27－28.

第四章

中国法律思想断代史学研究

20世纪上半叶，对中国法律思想的研究总体而言是比较丰富的，但主要集中在先秦时期，其次为秦汉和隋唐，对宋元明清则涉及较少。

第一节　先秦法律思想史学研究

先秦法律思想是20世纪上半叶中国法律思想史研究的重中之重，通史中对先秦法律思想的研究自是必不可少，除此之外还有不少关于先秦法律思想的专门论著。对先秦法律思想的研究一般按儒墨道法流派展开，本书亦按此叙述。

一、儒家法律思想史学研究

长期以来，对儒家思想的研究主要集中在儒家哲学、伦理学等方面，对其法律思想的研究虽有涉及，但并不作为重点。当然在秦尚志的《中国法律及中国法律思想史讲话》、王振先的《中国古代法理学》等专著中有对儒家法律思想的专门研究，综合来看，这一时期对先秦儒家法律思想的研究主要涉及儒家法律思想的地位问题、发展问题以及儒家在政治治理上的核心问题——人治等。

目前，俞荣根的《儒家法思想通论》、武树臣的《儒家法律思想研究》等成果也是对当时学派研究的继承和拓展。

(一) 中国法律儒家化问题

关于儒家法律思想的地位问题，这一时期的研究，主要有两种观点。

(1) 儒家独霸说。这是当时的主流观点。以瞿同祖为代表，认为中国传统法律自汉已开始儒家化，至唐以后实现了全面儒家化，这意味着儒家法律思想在中国传统法律思想中，长期以来占据着正统地位。杨鸿烈称此为"儒家独霸时代"。"所谓'儒家独霸时代'是包括自秦亡汉兴历三国、魏、晋、南北朝、隋、唐、五代、宋、元、明以至前清末季两千余年很长的时间。"① "汉时独尊儒家是对自战国至秦以来盛极一时的任刑的法治主义的极大反动。又儒家学说经历两汉在社会上的势力业已形成，后此三国、魏晋南北朝、隋唐、五代、宋、元、明、清的君主自然也就一循旧贯，尊儒家学说若'天之经地之义'，而两千年来中国的法律思想也就成为儒家的法律思想了。"② 这一派观点也得到了后世较为普遍的认可。冯友兰同样赞成自汉以后为儒家独尊之时代，并且儒家之独尊结束了子学时代，开启了经学时代。但冯友兰在对秦的政治思想上有独特见解。他认为："秦始皇虽立各家学者为博士，而所设施，用儒家思想甚多……秦用儒家之说，以'坊民正俗'，即其焚书、禁私学，亦未尝不合于儒家同道德，一风俗之主张，不过为之过甚耳。"③陈顾远认为："中国固有法系之创始，不能不归功于法家，中国固有法系之形成，不能不推重于儒家；法家造就其体躯，儒家赋予其生

---

① 杨鸿烈. 中国法律思想史 [M]. 北京：中国政法大学出版社，2004：93.
② 杨鸿烈. 中国法律思想史 [M]. 北京：中国政法大学出版社，2004：94.
③ 参见冯友兰. 中国哲学史（上）[M]. 重庆：重庆出版社，2009：329.

命也。"① 秦改法为律，创立律统，使法得其势。儒家对此既成事实，莫可否认，乃改弦更张，视法律为道德而服役，不过礼治之工具而已！于是出礼入刑之论，明刑弼教之说，由是而起。②由此观之，陈顾远看中国固有法系其实质仍是儒家思想。但儒家思想在中国历史发展中，真的是独霸一支而绝对排除其他吗？恐怕也不尽然。

（2）儒法合流说。萧公权认为："盖汉代政治始终兼用儒法。两家势力有起伏而无废绝。朝廷之政治如此，则士大夫有意仕进者自不免兼取二术以求易售……两家皆致用之学，呈此混杂之现象，乃专制天下环境中自然之结果，不足异也。"③从儒家法律思想自身发展的理路上看，它也在不断地吸纳和融合各派思想。"荀子正是顺应这一历史潮流，在意识形态领域，自觉地担当起综合'百家'的任务。荀子对先秦诸子的学术思想都有深刻的分析和批判。正是在分析、批判诸子思想的基础上，荀子扬长避短，逐渐丰富充实了自己的思想，形成了由儒兼法、介于儒法之间的新的儒学思想。"④

（二）儒家法律思想的演进

关于先秦时期儒家法律思想的发展，这一时期的研究主要以人物分说的方式展开，即对孔子、孟子、荀子法律思想的介绍和分析，并指出它们之间的脉络关系。先秦时期儒家法律思想的发展可以分为两个连续性的阶段。第一阶段是以孔孟为代表的纯儒时期。因为孟子全面继承和发展了孔子的"仁政"思想，被认为是正宗儒家的继承人。第二阶段

---

① 陈顾远. 中国法制史概要［M］. 北京：商务印书馆，2011：319.
② 陈顾远. 中国法制史概要［M］. 北京：商务印书馆，2011：319.
③ 萧公权. 中国政治思想史（上）［M］. 北京：商务印书馆，2011：280.
④ 马珺. 法家"法治"原则与儒法合流［J］. 河南省政法管理干部学院学报，2001（2）：67 - 71.

是以荀子为代表的新儒学派，他已是融合了各家思想的集大成者，所以荀子的法律思想也已不完全同于孔孟的传统儒家思想。以对"礼"的态度而言，荀子从性恶论出发认识到，单靠礼是无法维持社会正常运转的，所以他融入了法家的"法治"精神，进而提出"隆礼重法"的治国方略，这也标志着先秦儒家法律思想已发展到一个新的阶段。

对时代较为整体的概括，当推陈顾远的划分。他以儒家对法的态度把先秦儒家划分为两个阶段。

（1）儒家崇礼而视法为末节时代。儒家最初在孔子时代，视无讼为目的。所以《论语》云："听讼吾犹人也，必使无讼乎。"儒家最初皆以罕用刑措为可贵。但他们并不完全拒绝法的存在，即在不得已时，则仍不能不用刑焉。①

（2）儒家谈法而谋以礼正律时代。"盖当五霸七雄之际，儒家纵将礼治高唱入云，但实际政治为收取急效，大都在功利主义进行中，莫不以儒说迂阔而远于事实，致难见用。战国前后，各国皆渐次有其刑典，虽孟子亦不能不承认'徒善不足以为政'，然后始归结于'徒法何能以自行'之本意……迫使儒家不得不改弦更张，放弃其纯然王道政治之理想，其结果惟有从法律之内部而求质的变化，达于礼刑合一之目的即可。"②所以，这一时期，儒家已开始积极寻求与法家的共存，并设法把自己的思想融入其中或将法家思想纳入自己的思想体系。儒家也由此而逐渐取得正统地位。

（三）国家治理上的人治主义

在国家治理上，儒家思想的核心表现为"人治主义"，而"人治主

---

① 陈顾远. 中国法制史概要 [M]．北京：商务印书馆，2011：330.
② 陈顾远. 中国法制史概要 [M]．北京：商务印书馆，2011：331.

义"的关键又在"人"上。所以，儒家政治法律思想，皆以人为本。"人能弘道，非道弘人"（《论语·卫灵公》），是其一切政治治理之源头。所谓天之道地之道等皆置于第二位，惟以人之道为第一位。所以，儒家在政治法律思想上坚定地主张人治主义。①

　　一般认为，儒家的人治主义就是圣贤之治，即圣君贤相在上即可实行。貌似儒家的政治命脉，仅在君主一人而已，这也是法家对其大加批判的地方。但梁启超却已深刻指出，儒家之人治主义绝非世俗所谓"贤人政治"。儒家深信非有健全之人民，则不能有健全之政治。所以，儒家固希望圣君贤相，然所希望者，非在其治民莅事也，而在其"化民成俗"。明乎此义，则知儒家所谓人治主义者，绝非仅恃一二圣贤在位以为治，而实欲将政治植基于"全民"之上。更进一步是要提高全体国民之人格。②

　　人治与法治问题也是这一时期关于先秦法律思想重点关注的问题之一。在国家治理上，儒家普遍主张人治、德治或礼治，以明显区别于法治。"法家思想之贡献在说明贤人政治之不可恃与非必要，而明法饬令严刑重罚为最稳妥之治体。法家每以刻薄寡恩见讥，正由其放弃人本政治之主张而专任物观之械数也。"③

　　礼者禁于将然之前，而法者禁于已然之后。所以，礼依靠政治制裁力发生功用，在此政府之下，则必守此政府之法。而礼则依靠社会制裁力发生功用，愿守此礼与否，尽可随人自由。④"要而论之，儒家以活的生机的唯心的人生观为立脚点，其政治论当然归宿于仁治主义，即人

---

　　① 参见梁启超. 先秦政治思想史［M］. 长沙：岳麓书社，2010：82.
　　② 参见梁启超. 先秦政治思想史［M］. 长沙：岳麓书社，2010：93-98.
　　③ 萧公权. 中国政治思想史（上）［M］. 北京：商务印书馆，2011：32.
　　④ 梁启超. 先秦政治思想史［M］. 长沙：岳麓书社，2010：95.

治主义。法家以道家之死的静的机械的唯物的人生观为立脚点，其政治论当然归宿于法治主义，即物治主义。两家孰优孰劣，以吾侪观之，盖不烦言而决也。"① "法治的精义在于否定人治，赏罚全依法。而且在赏罚之前，人皆平等。"②法治本身也不是灵丹妙药、包治百病。且不说法家的法治距离现代法治有多远，即便是现代的法治也应历史地看待它。"据欧洲法制史而论，也曾经过种种专制的解放。第一步是人类脱离教会的专制而得解放，第二步是脱离贵族的专制而得解放，第三步是脱离教会的专制而得解放，第四步是脱离法律的专制而得解放。我们须晓得不但人治有专制，即法治亦有专制的。法治自然比较人治略带些客观的色彩，然而那种客观有时也靠不住的。"③　总之，人治与法治有太多相异之处，但二者也有相同点："人治与法治二派皆为积极之政治思想"④。作为一种积极的治国策略，有别于道家的"无为而治"。在萧公权看来，儒墨同属于人治派。"儒家政治，以君子为主体。君子者以德位兼备之身，收修齐治平之效。此儒家所持之理想也。墨子论证，亦注重贤人。天子以贤可而选立，百官亦量贤而任事。治乱之关键，系于从政治国者之品性。此墨子所重视而与儒相通者也。然儒墨之间亦自有别。儒之君子颇带贵族之色彩，其品格较偏重于宗法社会之道德。墨之贤人多为平民之身份，其品格较富于服务之精神与实用之技术。前者重行为之动机，后者重行为之效果。故虽同以人为治体，而所假定为治之人则相异。"⑤

---

① 梁启超．先秦政治思想史［M］．长沙：岳麓书社，2010：182.
② 秦尚志．中国法制与法律思想史讲话［M］．北京：世界书局，1943：40.
③ 吴经熊．法律哲学研究［M］．北京：清华大学出版社，2005：12.
④ 萧公权．中国政治思想史（上）［M］．北京：商务印书馆，2011：32.
⑤ 萧公权．中国政治思想史（上）［M］．北京：商务印书馆，2011：31－32.

二、墨家法律思想史学研究

对墨家法律思想的研究，除了杨鸿烈《中国法律思想史》和秦尚志《中国法制与法律思想史对话》两部通史中有部分涉及外，较少有专门研究。但从相关的政治思想史、哲学史等著作中亦可窥见一二。

（一）思想起源

"所谓墨家，是战国时代都市无产自由民的组织。"①"墨子反贵族而因及贵族所依之周制。故其学说，多系主张周制之反面，盖对于周制之反动也。因儒家以法周相号召，故墨子自以其学说为法夏以抵制之。"②兼爱、非攻、尚同、尚贤、非命等思想是其基本立场。

关于墨家思想的源头，侯外庐有非常详尽的阐述："孔墨学说是由春秋儒术的继承与批判而递嬗演变来的。"③也就是说，墨家学说也来源于早期的春秋儒术，墨子和孔子一样是儒者出身。他认为，墨家显学正是随着儒家学说的分化而出现并与其相对立的学说。"思想史上所谓与孔子显学对立的墨子显学，恰巧出现在孔学开始分化或孔学优良传统开始萎缩的起点上，因而，墨子的'非儒'，实质上乃是相应于国民阶级的渐趋成熟，将孔学的优良传统更向上发展一步，而与孔子的后学相对立。"④墨子虽然"非儒"，比如反对儒者之古言古服、背诵古训等，反对儒者作为贵族阶级的统治工具——仪式而服务，但"墨子对于孔子，

---

① 秦尚志. 中国法制与法律思想史讲话 ［M］. 北京：世界书局，1943：25.

② 冯友兰. 中国哲学史（上）［M］. 重庆：重庆出版社，2009：72.

③ 侯外庐，赵纪彬，杜国庠. 中国思想通史：第一卷 ［M］. 北京：人民出版社，2011：177-178.

④ 侯外庐，赵纪彬，杜国庠. 中国思想通史：第一卷 ［M］. 北京：人民出版社，2011：174.

是批判的而不是抹杀的"①。甚至说，"这些批评并非对孔子而言，乃是对信仰传统的儒者而言。荀子是儒学集成的人物，但对于那些依赖于春秋传统的儒者，也目之为贱儒、俗儒"②。而且，"孔、墨二家在对春秋形式文化的批判方面，确有相同的精神，孔子批评了春秋的僵死仪式……墨子和孔子在这一点甚为接近，孔子既唱之于前，墨子当可称之于后。"③萧公权也指出："孔墨不同道，世所习知。然此不免皮相之谈。吾人考其行迹，则二者实有相似之处。述古学以自辟宗风，立治道以拯时弊。游行诸国，终无所试。乃广授门徒，冀其能行道而传学。凡此皆孔墨之所同也。其相异者一仕一不仕，一由少贱而自跻于士大夫，一则终身以贱人自处，褐衣硺服，枯槁不舍。推其同异之故，盖由孔墨之历史时代及政治环境大体相同，而墨子又或受儒术熏陶，故行动思想，不免彼此相近"④。

然而，"孔墨显学自有分水岭，未容混同。仅就其对于传统文化之接受与批判一点而言，墨子显然是更激进些"⑤。而且墨家哲学与儒家哲学之根本观念并不相同。特别是在功利观上，儒家"正其谊不谋其利，明其道不计其功"，而墨家则专注重"利"、专注重"功"。但无论如何，"孔、墨显学在春秋末与战国初是批判了春秋传统而发展了中国

---

① 侯外庐，赵纪彬，杜国庠 . 中国思想通史：第一卷［M］. 北京：人民出版社，2011：175.

② 侯外庐、赵纪彬、杜国庠 . 中国思想通史》（第一卷），人民出版社 2011：176 – 177.

③ 侯外庐，赵纪彬，杜国庠 . 中国思想通史：第一卷［M］. 北京：人民出版社，2011：175.

④ 萧公权 . 中国政治思想史（上）［M］. 北京：商务印书馆，2011：129.

⑤ 侯外庐，赵纪彬，杜国庠 . 中国思想通史：第一卷［M］. 北京：人民出版社，2011：175.

古代文化。这个中国古代思想的演变关键，是研究子学的源流所应明白的"①。

墨家学说，基本不超出《墨子》一书，虽然墨子之徒同样数量众多，不逊孔子，但"墨徒对于政治思想之贡献殆不过补充修改墨子所立之诸要义，未必能如孟荀之推衍师说，成一家言"②。

（二）政治法律思想

1. 墨家天命与法的研究

墨子对"天"有着特别的钟爱，这一时期的学者均已认识到这个问题。"墨子非哲学家，非政治家，而宗教家也。墨子有其极崇高极深刻之信仰焉，曰'天'。"③"墨家所谓天，与孔老所谓天完全不同。墨家之天，纯为一'人格神'。有意识，有感觉，有情操，有行为，故名之曰'天志'。"④

《天志篇》中更说："顺天之意谓之善刑政，不顺天之意谓之不善刑政。"但墨子的天志和道家的自然法大不相同。道家是主张"天网恢恢，疏而不失"（《道德经》第七十三章），听其自然。墨子的法律观念，是赏"正义"为法律标准，天道无私，最合正义，故宜法天。而且墨家虽尊天而非命。信命的人以为，"上之所以命固且赏，非贤故赏也；上之所罚，命固且罚，非暴故罚也"（《墨子·非命上》），这是墨家所反对的。墨家只以抽象的天意，来定法律标准罢了。⑤

但在冯友兰看来，墨子的天既是抽象意义的天，也是人间的天。

① 侯外庐，赵纪彬，杜国庠. 中国思想通史：第一卷［M］. 北京：人民出版社，2011：177.
② 萧公权. 中国政治思想史（上）［M］. 北京：商务印书馆，2011：130.
③ 梁启超. 先秦政治思想史［M］. 长沙：岳麓书社，2010：152.
④ 梁启超. 先秦政治思想史［M］. 长沙：岳麓书社，2010：153.
⑤ 秦尚志. 中国法制与法律思想史讲话 M］. 北京：世界书局，1943：26－27.

"他以为欲使世界和平，人民康乐，吾人不但需有一上帝于天上，且亦需有一上帝于人间。"①而此人间的天则是至高无上的，惟天子是也。天子代天发号施令，人民只可服从天子即可。"上之所是，必皆是之；上之所非，必皆非之。"(《墨子·尚同上》)"凡国之万民，上同乎天子而不敢下比。天子之所是，必亦是之；天子之所非，必亦非之。"(《墨子·尚同中》)"天为全体人类之唯一主宰，其赏罚严明普及而不可逃，非若得罪家长国君犹有邻家邻国足为奔避之所。故人之对天，不可不取绝对服从之态度。"②

墨子正是以天为法，以为"天下从事者不可以无法仪"。规矩绳县，此百工之法仪也。君师父母，此百姓之法仪也。然天下之为君师父母者众"而仁者寡"。若以之为法，"此法不仁也"。夫君师父母既不足法，则可法者惟天而已。盖"天之行广而无私，其施厚而不德，其明久而不衰，故圣王法之"也。③

在墨子这里，所谓"法仪"还代表着"正义"。所以，墨子的法律观念是以"正义"为标准的，而"正义"本于上天好生之德，故宜法天。因为天是不会有私心的，人则皆免不了有私。④

2. 国家起源说研究

"墨子所说，与欧洲初期之'民约论'酷相类。民约论虽大成于法之卢梭，实发源于英之霍布士及陆克（今译洛克——作者注）。彼辈之意，皆以为人类未建国以前，人人的野蛮自由，漫无限制，不得已乃相聚胥谋，立一首长。此即国家产生之动机也……而中国两千年前之墨

---

① 冯友兰. 中国哲学史（上）[M]. 重庆：重庆出版社，2009：88.
② 萧公权. 中国政治思想史（上）[M]. 北京：商务印书馆，2011：142.
③ 萧公权. 中国政治思想史（上）[M]. 北京：商务印书馆，2011：142.
④ 杨鸿烈. 中国法律思想史 [M]. 北京：中国政法大学出版社，2004：38.

子，正与彼辈同一见解。"①因为墨子曾言："明乎天下之乱生于无生长
故选择贤圣立为天子使从事乎一同。"（《墨子·尚同中》）梁启超还对
比了墨子与荀子的国家起源论："墨家论社会起源，有极精到之处，而
与儒家（荀子）所论微有不同……荀子从物的方面观察以为非组织社
会无以剂物之不赡；墨子从心的方面观察，以为非组织社会无以齐义之
不同。"② "在未有国家刑政之时，既因是非标准之无定而大乱；故国家
既立之后，天子之号令，即应为绝对的是非标准。除此之外，不应再有
任何标准。故除政治的制裁外，不应再有社会的制裁。"③冯友兰把墨子
的这种思想类比为近代霍布斯的学说："在西洋近代哲学史中，霍布士
（Thomas Hobbes，今译霍布斯——作者注）以为人之初生，无有国家，
在所谓'天然状态'之中；与其时人人皆是一切人之仇敌，互相争夺，
终日战争。人不满意于此状态，故不得已而设一绝对的统治者而相约服
从之。国家之起源如此，故其权威，应须绝大；不然则国家解体而人复
返于'天然状态'中矣。国家威权之绝对，有如上帝，不过上帝永存，
而国家有死而已。墨子之政治哲学，可谓与霍布士所说极相似。"④

　　不论墨家对天的绝对崇尚，还是在国家起源上体现的国家威权，都
使其在统治上走向专制。"墨家之主张，殊不能令吾侪满志，盖其结果
乃流于专制。"⑤

---

① 梁启超. 先秦政治思想史［M］. 长沙：岳麓书社，2010：150.
② 梁启超. 先秦政治思想史［M］. 长沙：岳麓书社，2010：150.
③ 冯友兰. 中国哲学史（上）［M］. 重庆：重庆出版社，2009：89.
④ 冯友兰. 中国哲学史（上）［M］. 重庆：重庆出版社，2009：88.
⑤ 梁启超. 先秦政治思想史［M］. 长沙：岳麓书社，2010：150.

　　3. 墨家社会思想研究

　　墨子的社会思想主要体现在其对个人与社会关系的看法上。"对于个人生活方面，所谓'其道大觳天下不堪'，此其所短也。对于社会组织方面，必使人以上所是非为是非，亦其所短也。要而论之，墨家只承认社会，不承认个人。据彼宗所见，则个人惟以'组成社会一分子'之资格而存在耳。离却社会，则其存在更无何等意义。此义也，不能不谓含有一部分真理。然彼宗太趋极端……结果能令个人全为社会所吞没。个性消尽，千人万人同铸一型，此又得为社会之福矣乎？"① "故必设立天下共同之政权，以为万姓行动之标准，使个人化除自私，而归心于全体之公利。"②

　　墨家的这一思想看似先进，但其"身为贱人，既不变殷，更不从周，于当时诸国之政教亦未有所偏重。故其思想遂比较缺乏历史性与地方性，而略带大同主义之色彩矣"③。

　　墨家的法律思想在战国那个纷争四起的时期，并不符合当时统治者的需要，在实践中也很难得到真正的贯彻实施。但在努力建设和谐社会的今天，墨家的法律思想又显得弥足珍贵，历久弥新。作为小生产者的代表，他们的思想正好契合了中国的执政理念，具有鲜明的时代性和进步意义。"墨子所处时代是中国历史上发生社会激变的时期，与当今世界的发展有相似之处，也与当代中国处于转型或转轨时期有一定的相似之处。由此，墨家思想对当今中国建设与发展不无借鉴与参考之价值。"④ 所以，今天墨家法律思想的研究也是十分必要的。

---

① 梁启超. 先秦政治思想史 [M]. 长沙：岳麓书社，2010：154.
② 萧公权. 中国政治思想史（上）[M]. 北京：商务印书馆，2011：137.
③ 萧公权. 中国政治思想史》（上）[M]. 北京：商务印书馆，2011：142.
④ 王绍莉. 墨家法律观之现代价值 [J]. 法制与社会，2014（14）：5-6.

三、道家法律思想史学研究

(一) 道家思想概述

道家思想的代表首推老庄，当然还涉及杨朱、列御寇等。"道家所代表的，大概是封建动摇时正在没落中的小贵族。他们否定商业王国，主张无为，那是不要工商业，不要王权政治……他也反对儒家的仁义，因为儒家所谓仁义，原是改进封建社会的手段。"① "在那个时候，中国的文化，可说是最高的时期，因为老子的学说是很消极的，我们知道消极学说之所以产生，一定要到了很高的文化程度。欧洲现在的思想均往消极方面走，也就是因为欧洲文化到了很高的程度。"②

梁启超对道家思想有深刻评析。"道家之大惑，在人与物同视。"③ "要而论之，彼宗不体验人生以求自然，乃以物理界或生物界之自然例人生之自然，于是欲以人所能弘之道弘人，结果处处矛盾而言之不复能成理。"④ "彼宗之说，徒奖励个人之怯懦巧滑的劣根性，而于道无当也。呜呼！此种学说，实形成我国国民性之主要部分，其影响于过去及将来之政治者非细也。"⑤ 但在梁启超看来，道家学说并非没有价值。他认为："彼宗将人类缺点，无容赦地尽情揭破，使人得反省以别求新生命；彼宗故极力诅咒文明者也，然文明之本质，孰敢谓其中不含有宜诅咒者存……古今来人类所谓文明，大部分皆为拥护强者利益之工具，此其宜诅咒者一也……凡烂熟之文明，必流为形式的以相率于伪，此其

---

① 秦尚志．中国法制与法律思想史讲话［M］．北京：世界书局，1943：21.
② 章士钊．中国古代法学思想［J］．复旦大学校刊，1942－11－06.
③ 梁启超．先秦政治思想史［M］．长沙：岳麓书社，2010：123.
④ 梁启超．先秦政治思想史［M］．长沙：岳麓书社，2010：124.
⑤ 梁启超．先秦政治思想史［M］．长沙：岳麓书社，2010：126.

宜诅咒者二也。"① "道家最大特色，在撇却卑下的物质文化，去追寻高尚的精神文化；在教人离开外生活以完成其内生活。"②梁启超结合时代状况对道家政治思想进行了比较全面深刻的评析。

（二）道家自然法思想研究

因老子的一句"人法地，地法天，天法道，道法自然"，所以这一时期一般认为，老子的法律思想为自然法思想，即在政治上主张"无为而治"和"放任主义"。"老庄讥斥仁义，厌弃法令，去智寡欲，不尚贤能，而以自然无为为理想之治体。"③所以，老子的自然法主要是相对于儒家的人为法而言的。"极端反对人为法，当它是违反本性，有害无益，徒劳无功的事。"④ "对于人为法便认为违反本性，徒劳无功的事。在商业王国的否定下，法令有什么用？'民之难治，以其上之有为，是以难治。'刑罚中最重的是死刑，然而老子说：'民不畏死，奈何以死惧之？'"⑤老子之所以有这样的思想，和道家的相对论哲学、物极必反理念密不可分。"物极必反之通则，无论在何方面，皆是如此。如五色本以悦目，而其极能'令人目盲'。五音本以悦耳，而其极能'令人耳聋'……本此推之，则社会上政治上诸制度，往往皆足以生与其原来目的相反之结果……法令本所以防盗贼，法令滋彰，盗贼反而多有。又如人之治天下，本予以有所为，然以有为求有所为，则反不足以有所为。"⑥

但因 20 世纪初，西方的自然法思想已有充分的发展，这一时期的

---

① 梁启超. 先秦政治思想史［M］. 长沙：岳麓书社，2010：126 – 127.
② 梁启超. 先秦政治思想史［M］. 长沙：岳麓书社，2010：127.
③ 萧公权. 中国政治思想史（上）［M］. 北京：商务印书馆，2011：32.
④ 杨鸿烈. 中国法律思想史［M］. 北京：中国政法大学出版社，2004：44.
⑤ 秦尚志. 中国法制与法律思想史讲话［M］. 北京：世界书局，1943：22.
⑥ 冯友兰. 中国哲学史（上）［M］. 重庆：重庆出版社，2009：154.

研究者一方面借用了"自然法"的概念来界定老子的法律思想，但同时也认识到，此老子之自然法必不同于西方之自然法。"《老子》所说的'自然'不是指客观的自然界，更不是指自然界的普遍法则，而是指自然而然，不假人为而自成的意思。强调'道法自然'，实际上是主张听从事物自由发展而不加任何限制和干涉，具体言之，就是'无为'。"① "他厌恶法律，痛恨法律，他只有自然律的观念，而没有自然法的理念，至若由人类的智慧所创立的制定法，则尤为老子所反对。"②

（三）道家的国家学说研究

道家的"无为而治""唯道是从"的思想中，包含弱化君权、承认个人权利和自由的理念，同时也反对统治者的横征暴敛和滥施刑罚。但"老子的国家思想在暴露国家机器的矛盾之后，否定社会发展，'对恶不抵抗'地主张回到国家出现之前的社会，其对政治疏远的、天真的、逃避现实世界的复古思想意识是十分明显的"③。

（四）与其他学说的异同

1. 与儒家

这一时期的学者普遍认识到，看似都较温和的道家与儒家，实则是道不同不相为谋。儒家所提倡的礼，在道家看来正好是与自然律相悖的。"老子既认仁义智慧孝慈，都是违反了自然律（大道）而产生的恶果，所以如果尚有一种比仁义智慧孝慈更坏的事物，若制度仪式法令者，则其为害于人类，何待烦言……这里所谓礼，是一切制度仪式法令

---

① 丁以升. 道家的"法自然"观及其影响———兼与西方自然法思想比较 [J]. 华东政法学院学报，1999（5）：23 - 26.

② 梅仲协. 老子与管子的法律思想 [J]. 中国法学杂志，6（4）.

③ 侯外庐，赵纪彬，杜国庠. 中国思想通史：第一卷 [M]. 北京：人民出版社，2011：264.

的总称，而老子最恶言礼……老子又极鄙视法律，'法令滋彰，盗贼多有'，便可见其对于法律的观感之一斑。"①

"道家哲学，有与儒家根本不同之处。儒家以人为中心，道家以自然界为中心。儒家道家皆言'道'，然儒家以人类心力为万能，以道为人类不断努力所创造，故曰：'人能弘道，非道弘人'。道家以自然界理法为万能，以道为先天的存在且一成不变……道不惟在未有人类以前而且在未有天地以前早已自然而然的混成，其性质乃离吾侪而独立，且不可改。因此之故，彼宗以为以人类比诸道所从出之'自然'，则人实极么麼且脆弱……此天地间么麼脆弱之人类，只能顺着自然界——最多不过补助一二，而不能有所创作。"②"儒家以宇宙为'未济'的，刻刻正在进行途中。故加以人工，正所以'弘道'。道家以宇宙为已'混成'的，再加人工，便是毁坏他。"③"吾侪所谓文明或文化者，道家一切悉认为罪恶之源泉。故文字，罪恶也；智识，罪恶也；艺术，罪恶也；礼俗，罪恶也；法律，罪恶也；政府，罪恶也；乃至道德条件，皆罪恶也。"④"彼宗盖深信'自然法'万能，儒家亦尊自然法，但儒家言'天工人其代之'，谓自然法必藉'人'而后能体现也。而彼宗则以自然为不容人代也。"⑤所以，儒家所极力创造的礼乐文明，在道家看来正是一切罪恶之源泉。

2. 与法家

道家秉持自然论，厌恶法律，法家则是"法治论"的坚定支持者，

---

① 梅仲协. 老子与管子的法律思想 [J]. 中国法学杂志，6（4）.
② 梁启超. 先秦政治思想史 [M]. 长沙：岳麓书社，2010：117－118.
③ 梁启超. 先秦政治思想史 [M]. 长沙：岳麓书社，2010：118.
④ 梁启超. 先秦政治思想史 [M]. 长沙：岳麓书社，2010：121.
⑤ 梁启超. 先秦政治思想史 [M]. 长沙：岳麓书社，2010：122.

按说二者本是道不同不相为谋的。但这一时期有学者指出，法家实源于道家。"后世的法家者流，若申不害、若韩非，其法律哲学的思想，大抵本于老子。此事颇能使人惊异，但亦无足怪。欧洲 18 世纪的法国大儒卢骚（Rousseau，今译卢梭——作者注），其 1753 年所发表的《论人类不平等的起源》，极端反对人类的文化，以为人类之种种智慧，与夫人生日趋复杂，都是有违人类之本质及其真正的使命，而窒息了自然的情感。文明社会，乃系人为的建设，用以荼毒生灵。他否定了整个文化，尤其是法律与国家，认为人类应复归于自然。凡所论述，颇有似于老子的学说。但其在所著《社会契约论》，却畅言国家之所以存在的原因，且欲悉力赋予以积极的基础。并且主张‘凡有不服从公同意思者，应以整个团体的力量，强迫其服从。这又与申韩之说，同其概略。'"①"道家与法家可以说都是主张消极的，这可以说是韩老有关的地方，所以《史记》老子与韩非子同传，就是这个缘故。但是我们要知道，法家的学说虽是从道家而来，如谓其学说一样，则不敢定，因为他们也有一点区别的地方，就是我们讲哲学最大的名实问题。此唯名主义与唯实主义，在希腊哲学里，也争得非常厉害……法家思想为唯名主义，以功用为标准，与老子的唯实主义不同，主张以法而维持国家的威信，求得治国之道，虽与道家同主消极，方法则判然不同。"②

四、法家法律思想史学研究

因法家兴盛于战国末期，此时各学说流派已有充分发展，也因法家自身的复杂性，所以，这一时期对先秦法律思想的研究主要集中在法

---

① 梅仲协. 老子与管子的法律思想 [J]. 中国法学杂志，6（4）.
② 章士钊. 中国古代法学思想 [J]. 复旦大学校刊，1942 – 11 – 06.

家，其阐述也比较充分而深刻，甚至专门的先秦法律思想研究也只涉及法家思想。如丘汉平的《先秦法律思想》一书，虽名曰先秦法律思想"，却只对慎到、商鞅和韩非的法律思想做了比较系统的研究，完全没有涉及其他流派。丘汉平自己也说："在我看来，这三篇已够代表先秦的法律思想。再完备些，也不外加些儒、道、墨的法律观及其他说明而已。"①当然，在此并没有否认或贬低丘汉平法律思想研究的意思，毫无疑问，丘汉平是这一时期法律史研究当之无愧的重要人物。"在丘汉平的众多成果中，对中国近代法学贡献最大的是他关于法律史的研究业绩。在这一领域，丘氏既有中国古代法律文献整理之成果，如《历代刑法志》等；又有对先秦法律思想的研究之业绩，如《先秦法律思想》等；还有关于法律史研究的理论见解，如《新法律史观》等。"②"民国时期，在丘汉平的《先秦法律思想》出版之前，虽然有梁启超的《先秦政治思想史》一书面世，但以法律思想史为论述主题的，丘汉平是第一人。《先秦法律思想》一书是中国古代法律思想史研究的开拓之作，它和该领域里的奠基之作即杨鸿烈的《中国法律思想史》（上海商务印书馆1937）一起，共同支撑了中国近代法律思想史学科的体系大厦，在中国近代学术史上具有重要的意义。"③

（一）思想起源

先秦时期法家代表新兴地主阶级的利益。他们必须想方设法使自己的统治合理化。"很明显的，新兴地主为了本阶层的利益，一方面不能

---

① 何勤华，洪佳期. 丘汉平法学文集［M］. 北京：中国政法大学出版社，2004：前言.

② 何勤华，洪佳期. 丘汉平法学文集［M］. 北京：中国政法大学出版社，2004：前言.

③ 何勤华，洪佳期. 丘汉平法学文集［M］. 北京：中国政法大学出版社，2004：前言.

不予旧封建领主以否定，他方面又不能不在与旧封建领主的对立统一性上建立更适合于剥削农民的新的封建统治。因而他们对于作为支持旧封建的政治体制之支柱的等级制度的'礼'，要予以彻底的否定，而提出他们所要求的'法'来。他们利用'法'来直攻旧封建领主的'礼'，企图把站在他们头上的旧封建领主拉下来与他们在'法'的面前平等；同时，也想在'法'的美名之下，对于隶属于他们之下的直接生产的农民，施行一种更周密更残忍的镇压方策。易言之，他们想利用'法'来作为登上支配阶层的阶梯，把他们自己超升到剥削者的地位。"①

作为一种学说，兴盛于战国末期的法家，对先于其发展的儒墨道思想已有充分了解，并在自身发展中吸取其思想。"前期法家，有的从儒家的理论发展而来，也有的从道家的理论发展而来，申不害、慎到、韩非就是例子。而且法家和道家的关系密切，也不是偶然的，尤其涉及'术'的思想，所谓'君人南面之术'，正是两者相结合的产物。"②"后来的法家袭取老子的'无为说'，以为明定法令，君子可无为而治；又袭取老子的愚民政策，以为人君南面之术。道家居然变为法家的远祖了。"③"法家成为一有系统之学派，为时甚晚，盖自慎到、尹文、韩非以后。然法治主义，则起源甚早。管仲、子产时确已萌芽。其学理上之根据，则儒道墨三家皆各有一部分之先导。"④"法家者，儒墨道三家之末流嬗变汇合而成者也。"⑤杨鸿烈在其《中国法律思想史》一书中，对法家所受儒墨道的影响有详细阐述。儒家思想对法家的影响主要是儒家

① 翦伯赞. 先秦"法"思想之发展 [J]. 中华法学杂志新编, 1936, 1 (1).
② 侯外庐, 赵纪彬, 杜国庠. 中国思想通史：第一卷 [M]. 北京：人民出版社, 2011：536.
③ 秦尚志. 中国法制与法律思想史讲话 [M]. 北京：世界书局, 1943：22.
④ 梁启超. 先秦政治思想史 [M]. 长沙：岳麓书社, 2010：157.
⑤ 梁启超. 先秦政治思想史 [M]. 长沙：岳麓书社, 2010：159.

正名与礼的思想，他认为，儒家的礼和法家的法无甚区别。而墨家对儒家的影响，主要有两方面：①法律平等的思想。墨家的兼爱思想，是法家主张法律平等的基础。②法律为唯一准则的思想。这是墨家尚同思想的启示。① "法家的学说，除了本他自己的立场而创说外，还兼受儒道墨三家的影响。在儒家，如荀子的礼治论；在道家，如老子的无为而治和愚民政策；在墨家，守法重法的观念和实利思想俱有影响于法家的。"②总之，这一时期的研究已普遍认识到，法家思想是吸收儒墨道之后的集大成学说。

但作为变法者，他们必然处于新旧势力的交汇点。代表一种新势力，也就意味着会遭到旧势力的反对，有时这种反对是十分激烈的。"战国时代的政治家，就不是开明的，而是革新的，不但有作有为，而且敢作敢为。然而在这些国家，如三晋，进步的思想家虽敢作敢为，但受制于贵族，不能为所欲为。这就表现出新旧交错的矛盾。"③ 吴起、商鞅、韩非的死即是明证。由此可见，没落的氏族贵族在临终时是怎样的专横，阶级斗争是怎样的难以协调。④

（二）自身发展

这一时期的研究对法家思想的发展脉络也已有了比较清晰的认识，从管仲、子产、李悝到申不害再到慎到、商鞅、韩非都有涉及。

管仲、子产等是法家思想的先驱。"管子名仲，其在中国法律思想史上，是一位见解超群、学识卓越、前无古人、后无来者的伟大法学

---

① 参见杨鸿烈．中国法律思想史［M］．北京：中国政法大学出版社，2004：69-70.
② 秦尚志．中国法制与法律思想史讲话［M］．北京：世界书局，1943：27-28.
③ 侯外庐，赵纪彬，杜国庠．中国思想通史：第一卷［M］．北京：人民出版社，2011：533.
④ 参见侯外庐，赵纪彬，杜国庠．中国思想通史：第一卷［M］．北京：人民出版社，2011：548.

家。管子的法律思想，并不带有丝毫神学的色彩，这固与其他所谓法家者同，而与儒墨迥异……管子虽深知法律（即自然法）之基础，在于众心之所聚，亦即欧陆学者之所谓理性，但是法律并不是一成不变、亘古不易的，所不变不易者，乃其原则原理，而其微末细节的规定，则应该随时随地而有不同，要必以适应环境为指归。"① "我国法家者流，如商君韩非辈，大抵以法律应该与道德以及其他诸善（如智慧、艺术等），完全隔离，甚且谓为有了道德及其他诸善，很能够阻凝法律的发展与施行。而管子则不然。氏认为广义之法，是自然律与自然法的总体，而狭义的法，则为众善之源。管子曰：'所谓仁义礼智者，皆出于法。'……良以法律乃系人类行为的规范，现代法学家都认广义的自然法（亦即管子所指与自然律相对立的狭义之法），应该包括道德宗教在内，则仁义礼乐廉耻，无一不隶属于自然法的范畴。不意管子远在二千余年以前，即已有见于此，殊不能不令人钦服。"②

"李悝的《法经》，实为秦、汉以后法律的滥觞；而按照'著书定律为法家'之说（章太炎语，见《检论·原法》），李悝是可以当法家的开山祖而无愧的。"③

"慎子所谓法治，是很极端的，他根本否认人治，而主张法治。……慎子所谓法，客观之至，公平无私，和度量衡的器一样。"④ 或曰慎子这里，恶法亦法。

商鞅是秦变法的中坚人物，他基于历史进化的朴素观点，反对复古

① 梅仲协.老子与管子的法律思想［J］.中国法学杂志，6（4）.
② 梅仲协.老子与管子的法律思想［J］.中国法学杂志，6（4）.
③ 侯外庐，赵纪彬，杜国庠.中国思想通史：第一卷［M］.北京：人民出版社，2011：533.
④ 秦尚志.中国法制与法律思想史讲话［M］.北京：世界书局，1943：29.

和法先王。他把历史从先王观念史解放出来而还诸社会的历史，是一大进步。①从这一时期的研究看，对商鞅变法也是持肯定态度的。"商鞅的'变法'，在古代历史上确是进步的，他主张的严刑峻法，也还是出于法家的'以刑去刑'的理论。"②

"韩非是先秦诸子的最后一人。他是法家主要的理论家，又是战国诸子思想的集大成者。"③韩非的思想渊源是相当复杂的，即他源于前期法家如申不害、商鞅、慎到者有之，源于墨家、老、庄者有之，源于其师荀子者又有之。④

（三）法家的法治观

（1）法家的法治是有限的，更不是现代意义上的法治论。因为在君主是否守法这一点上，法家就认为，君主是游离于法律之外的，他只负责制定法律，却并不遵守法律。但近代有学者研究，法家的代表管子则是另类。"百姓彼此之间，固然应该绝对平等，绝对守法，而立法大权，既然在所谓智者的国君之手，那么国君自己能否任意毁法背法，抑或自己亦应恪守自己所立之法？管子对于这个问题，曾经熟思远虑，而坚决主张应该采取如近世学者所倡之主权自限说，认为国君必须先行守法，始可责人以不守法，而有司百官，亦必须奉法唯谨，以为万民倡……管子的法律观，既若是之纯正祥和，而其国家观，又着重于法治主义之厉行，生于二千年前，而见解则与二千年后之现代思潮，处处相

---

① 参见侯外庐，赵纪彬，杜国庠. 中国思想通史：第一卷［M］. 北京：人民出版社，2011：546.

② 侯外庐，赵纪彬，杜国庠. 中国思想通史：第一卷［M］. 北京：人民出版社，2011：535.

③ 秦尚志. 中国法制与法律思想史讲话［M］. 北京：世界书局，1943：37.

④ 参见侯外庐，赵纪彬，杜国庠. 中国思想通史：第一卷［M］. 北京：人民出版社，2011：548.

暗合，读管子书，不禁有高山景行之遐想焉。"①当然这种比附是否恰当尚可讨论。

（2）中国传统法治与西方法治之不同。站在历史的长河中，这一时期的学者对法家多是赞赏的。"中国古代的法家的政治斗争是阶级斗争的表现形式。氏族贵族和国民阶级所展开的悲剧性的历史斗争是激烈的，古代法家是中国历史上富有优良传统的战斗人物。近代章太炎为商鞅辩诬的话，也具有反封建的民主主义的精神。"②"法家从历史的观点，反对了'无变古，无易常'（《韩非子》）的先王观念，这是古代社会阶级斗争的反映，也是古代思想的光荣终结。了解中国古代社会历史转变的长期性，才能知道法家的这一历史观的价值。"③"在两千多年以前就有那样成系统精密深奥的学说出现，也不能不说那时我中华民族的智力已发展到很足惊人的地步。"④

总之，貌似先秦诸子各立门户，自成一说。"然吾人略加思索，即知先秦学说既产生于大体相近之历史环境中，各派之间岂能避免交互之影响。"⑤"若就四家思想之内容论，则立说互异，各有创造，足以开辟宗风，定此后学术之流派。"⑥这种审视问题的眼界和高度也是今天的学者需要学习的。

---

①　梅仲协. 老子与管子的法律思想［J］. 中国法学杂志, 6 (4).

②　侯外庐, 赵纪彬, 杜国庠. 中国思想通史: 第一卷［M］. 北京: 人民出版社, 2011: 535－536.

③　侯外庐, 赵纪彬, 杜国庠. 中国思想通史: 第一卷［M］. 北京: 人民出版社, 2011: 547.

④　杨鸿烈. 中国法律思想史［M］. 北京: 中国政法大学出版社, 2004: 86.

⑤　萧公权. 中国政治思想史（上）［M］. 北京: 商务印书馆, 2011: 46.

⑥　萧公权. 中国政治思想史》（上）［M］. 北京: 商务印书馆, 2011: 31.

第二节 其他朝代法律思想史学研究

经历了春秋战国百花齐放的百家争鸣之后，思想发展的趋向问题成为这一时期的研究所关注的一个重点问题。但和对先秦法律思想的研究相比，这种趋向研究是薄弱的。

一、秦汉法律思想史学研究

一般认为，秦奉行法家思想，汉初为黄老思想，汉中期以后为儒家思想。但学界对此的争论远不止于此。比较有代表性的争论是秦汉以后中国法律思想是走向儒法合流还是儒家独霸。

所谓儒法合流，即儒家与法家由相互对立、相互拒斥逐渐转为相互影响、相互融合的态势。秦汉以后，先秦百家争鸣之势渐趋于沉寂，与此同时，由先秦儒法之礼与法、德与刑的对立，开始出现儒法合流、"礼入于法"的情况，在精神层面体现为儒家的教化主张与法家刑罚主义的相互援引，在形式上表现为儒学的"法典化"或是法律的"儒学化"，在内容上则表现为立法中的"纳礼入律"及司法中的"引经决狱"等。以萧公权为代表，认为进入汉代，法家在学术上已失去竞争力，但在政治上仍与儒家争胜。其所举《盐铁论》确能代表西汉中叶法儒思想之正面冲突。但其争论要点仍不外文教与武功、农本与工商、仁义与功利、刑法与德教等，双方所主均不出先秦儒法思想之范围。但萧公权认为，这并非反映儒法各为己途："观《盐铁论》所述汉代儒法之争，不仅思想冲突，感情亦至决裂。故预议者互诋对方之人格，互毁对方之宗师。似乎各趋极端，无可协调。然一考事实，则又不尽然。盖汉代政治始终兼用儒法。两家势力有起伏而无废绝。朝廷之政治如此，则士大夫有意仕进者不免兼取二术以求易售。其著者如'张汤决大狱欲傅古义，乃请博士弟子治《尚书》《春秋》，补廷尉史，亭疑法'。此任法而饰以儒学之例。董仲舒以经义断狱，作《春秋决事比》，此以儒术应用于刑法之例。至如贾谊、晁错诸人，兼受孔孟申商之学，尤为儒法合流之明证。两家皆致用之学，呈此混杂之现象，乃专制天下环境中自然之结果，不足异也。"①

以杨鸿烈为代表，则认为汉以后特别是汉武帝以后，是儒家独霸时代。因为帝王治天下总不能全凭武力，不讲教化，而讲教化且"治具"最完备的只有儒家够资格。何况汉朝建国在春秋以降五百年长期战争之后，再加以秦朝的暴虐、楚汉的纷争，人民早已是在水深火热之中，所以汉朝尊儒家为必然选择。②"汉时独尊儒家乃是对自战国至秦以来盛极一时的任刑的法治主义的极大反动。又儒家学说经历两汉在社会上的势力业已造成，后此三国、魏晋南北朝、隋唐、五代、宋、元、明、清的君主自然也就一循旧贯，尊儒家学说若'天之经地之义'，而两千年来中国的法律思想也就成为儒家的法律思想了。"③杨鸿烈不但认为汉以后是儒家独尊，而且认为汉以后的儒家是没有什么变化的。"两千年来在儒家思想支配下的中国法律内容全体的根本原理，实在没有什么重大改变和冲突的地方。"④

秦尚志同样认可，汉中期以后儒家思想起支配地位或居于独霸地位，"但儒家虽独霸，其思想并非完全孔孟本面目，却拥抱了黄老及法

---

① 萧公权．中国政治思想史（上）［M］．北京：商务印书馆，2011：280.
② 参见杨鸿烈．中国法律思想史［M］．北京：中国政法大学出版社，2004：94.
③ 参见杨鸿烈．中国法律思想史［M］．北京：中国政法大学出版社，2004：94–95.
④ 参见杨鸿烈．中国法律思想史［M］．北京：中国政法大学出版社，2004：96.

家的思想，以求适应当时社会及政治的需要"①。而儒家独霸的实现主要依靠礼转为刑和儒家对法律的解释。"先秦时代礼与刑是对立的，现在的礼与刑渐从对立变为相辅。汉律中就包括刑（九章）和礼（傍章、越宫律、朝律）两者。若争议有关系于身份，礼便成裁判的规范。法律思想受儒家影响，于此见端。"② 而以儒家思想解释法律则主要指春秋决狱、论心定罪。"所谓论心，是很抽象的，定罪不依法律而依伦理，有法而似无法。结果则牵强附会，法治精神破坏殆尽。"③ "春秋决狱，简直是以意断狱，藉此迎合君主的好尚，法治精神大受断伤。"④

总之，秦汉时的儒法关系对中国传统的社会结构和政治模式有着极为深刻的影响。自进入近代以来，随着大量西方文化思潮的进入和传播以及社会和经济结构的迅猛变化，传统的儒学和法学，都已无法适应新的社会情况，它们受到时人的广泛怀疑和批评也是自然之事。它们自身在近代化（现代化）的浪潮中也就无可避免地遇到了生存的危机和何去何从的选择。在现代化的今天，儒法问题也成为被反复讨论的话题。

二、魏晋南北朝法律思想史学研究

魏晋南北朝上承秦汉，下启隋唐，是一个长达近四百年的分裂动荡时代，也是一个承前启后的过渡时代，它全方位地为隋唐时代打下了坚实的基础。

魏晋南北朝时期总的来说是一个热闹的时代，在法律思想上也是如此。儒、道、法以及佛教思想对法律思想都有影响。从时代的表象上，

---

① 秦尚志. 中国法制与法律思想史讲话［M］. 北京：世界书局，1943：53.
② 秦尚志. 中国法制与法律思想史讲话［M］. 北京：世界书局，1943：53.
③ 秦尚志. 中国法制与法律思想史讲话［M］. 北京：世界书局，1943：53-54.
④ 秦尚志. 中国法制与法律思想史讲话［M］. 北京：世界书局，1943：55.

当时思想领域除了正统的儒家思想之外，还存在有喧嚣一时的玄学、广为流传的佛学以及凸显于此期大分裂、大动荡的时代背景下的以曹操、诸葛亮为代表的法治思想等思想。

近代对这一时期的研究虽然不多也不深入，但也有涉猎。有对朝代整体思想的关注，如秦尚志在《中国法制与法律思想史讲话》中对魏晋南北朝法律思想的研究，也有对个别人物的考察，比如萧公权在《中国政治思想史（上）》对葛洪等人思想的研究。

玄学，最初是指魏晋时期研究"三玄"（即《老子》《庄子》《周易》三书）而得名的专门之学。后玄学家用老庄道家学说来解释儒家的经典，提倡尚自然，笃名教，极力糅合儒道两家学说，遂形成了一种新的唯心主义的思想体系。就哲学发展而言，玄学是对东汉谶纬经学的一种否定和扬弃。它已完全不同于谶纬经学以及神学目的论的世界观方法论以及一整套概念体系，来建构关于宇宙和人的学说，既使当时的哲学界的风气为之一变，也开启了往后数百年的思维方式。

近代的研究指出了玄学对当时法律思想的影响。玄学，是魏晋时期特定社会条件下产生的一种思潮。就阶级基础和政治构造而言，玄学是门阀士族势力的崛起与蜕变的产物。针对西汉中期确立起来的封建"名教"历东汉末至魏晋受到了前所未有的冲击的现实以及为了维护自己在政治上的垄断地位，门阀世族用道家无为的学说来解释儒家的经典，表现在理论上，通过对"名教"与自然关系的论述，从更高的层次上论证了"名教"的合理性。"在魏晋南北朝时代，士族大盛，社会上显然有贵贱两者的身分，贵贱异刑是必然的要求。"① "法律对于有产的大族的偏袒，还有赎刑。有产的人犯了罪，只需出一笔钱，便可免得

---

① 秦尚志.中国法制与法律思想史讲话［M］.北京：世界书局，1943：88.

像民众一样的受刑，同时政府可以多一笔收入。"①所以，玄学在一定程度上助长了法律虚无主义的流行，也造成了人们对法律的不信任感和对法律价值的怀疑。② 在政治上表现为提出了"无为而治"的主张，就是要求君主无为，实行大臣专政。这种无为而治的思想也影响了当时的一大批立法者和法律学家，它从根本上是为了维护门阀氏族的统治，一旦他们获得统治权后，便不允许臣下提出无为而治的主张了。③

对魏晋南北朝时期整体法律思想的认识，近代有一种观点认为其是凸显法家思想的。"自儒家成为支配思想，'德主刑辅'已是照例的高调。但后汉末年，世乱如麻，重法的儒生，虽仍倡德主刑辅，却提出重刑峻法，颇有法家的精神。经汉末三国之乱，德化说略略一衰，魏武好刑名，诸葛亮近乎法家。直到晋代，综合儒道两家思想的葛洪，他为了反对暴动的农民，也极重刑法。"④

基于对法的重要性的认识，魏晋时期，特别是三国时期，确实吸收了战国至秦时法家思想中的积极成分，如"明法理""重法慎刑"、执法公允、赏罚必信等。但与战国至秦时的法家思想不同的是，此期的法治主义思想并非专任刑罚，而是认识到了礼的作用，强调在礼法结合的基础上厉行法治，因而并没有超出封建正统法律思想的框架。

在印度诞生的佛教，自东汉开始传入中国，至南北朝时期广为盛行。由于得到统治阶级的认可和推崇，对当时的法律思想产生了一定的影响。佛教的中心议题就是主张灵魂不死、因果报应、生死轮回，客观上起到了威吓人们不要犯罪、不做坏事的功效，有助于人们遵纪守法意

---

① 秦尚志. 中国法制与法律思想史讲话［M］. 北京：世界书局，1943：89.
② 参见何勤华. 中国法学史：第一卷［M］. 北京：法律出版社，2006：303.
③ 参见何勤华. 中国法学史：第一卷［M］. 北京：法律出版社，2006：299－300.
④ 秦尚志. 中国法制与法律思想史讲话［M］. 北京：世界书局，1943：82.

识的培养，有助于封建法律的贯彻实行。它与教导人们恪守礼法伦常的儒学、劝说人们不要计较争斗的道教一样，都要求人们安于现状，不必反抗斗争，但相较而言，佛教的说教在某种意义上比儒学和道教更能安定人心，佛教的理论和修行方法，对基层民众更有吸引力。但不可否认，在佛教世界观中，有一个重要的观点"空"，它指事物之虚幻不实，或指物体之空寂明净，强调世界一切现象皆是因缘所生，刹那生灭，没有质的规定性和独立实体。因此，佛教的流行，同样在客观上改变了人们对法律的根本看法，造成了法律虚无主义的泛滥。①

　　但综合上述种种思潮，或从理论形态上，或从思维方式上，或从治国方略上，并未从根本上动摇儒家正统思想，而是对正统思想及其指导下的正统法律思想进行了合乎时代要求的完善与补充，相应地促进了正统法律思想的发展。杨鸿烈也明确指出："南北朝时代虽思想上已蒙前此由印度输入的佛法和中国固有的黄、老的影响，但在法律方面仍以儒家较为得势。"② "从汉魏到南北朝，儒家思想已成社会上绝大势力，有的儒者便进一步用'经术'把法家的'权势'转移，这样就可以'经术'迎合君主的'好尚''致身青云''保持禄位'。于是在法律之外，时时以经义决狱。"③

　　在魏晋南北朝法律思想史研究中，对葛洪和傅玄的研究是普遍被提及的，主要体现在他们所著《抱朴子》和《傅子》二书。《抱朴子》中对德刑关系的解读是非常丰富的，因此秦尚志对葛洪的定位是："综合儒道两家思想的葛洪，他为了反对暴动的农民，也极重刑法……魏晋之间，老庄学说大盛，清谈之士，主张废礼废刑。葛洪却重礼重刑，他明

---

① 何勤华. 中国法学史：第一卷 [M]. 北京：法律出版社，2006：303.
② 杨鸿烈. 中国法律思想史 [M]. 北京：中国政法大学出版社，2004：129.
③ 杨鸿烈. 中国法律思想史 [M]. 北京：中国政法大学出版社，2004：130.

白指斥废刑之说。"①对傅玄，根据其所著《傅子》一书则普遍认为他是纯儒家德治思想的代表。

三、隋唐法律思想史学研究

"一准乎礼"是长期以来对唐律思想的高度概括。"唐时除'律'外，即别的如令、格、式三种也都是'礼'的表示，可见儒家的'礼治'不特高居'法治'之上，自居于'主位而以'法律'为其辅助，抑且深入法律条文的里面，使法律全部都受'礼化'。"②"礼治主义的要点，便是封建的身分等级；同一犯罪，因等级贵贱而刑罪有轻重。"③所以唐律的两大特色表现为：一是定刑因身份而异，一是家族主义。④

秦尚志也指出："唐律既'于礼以为出入'，可以说是礼治主义的典范，它是儒家的法典，也是伦理法。它是全部都受'礼化'的。"⑤

但唐律的"一准乎礼"并非不要法治。"自汉至唐，法律思想的发展轨迹是十分明显的：从西汉取儒、法两家之长提出和实行'德主刑辅'说开始，儒法合流成为占统治地位的法律思想；中经魏晋南北朝时期的大动乱，法家的'法治'理论曾一度不得已而被搬用；但是一俟大乱暂平，统一形成，社会安定，'纯然'的'法治'便销声匿迹，让位给'德主刑辅'说，隋唐时期就是如此。"⑥所以，德主刑辅作为儒家法学世界观的核心内容，经过隋唐时期的发扬光大，深深地扎根于中国古代法律之中，成为唐律的灵魂，对唐以后中国社会的发展也产生了

---

① 秦尚志. 中国法制与法律思想史讲话 [M]. 北京：世界书局，1943：82 - 83.
② 杨鸿烈. 中国法律思想史 [M]. 北京：中国政法大学出版社，2004：139.
③ 秦尚志. 中国法制与法律思想史讲话 [M]. 北京：世界书局，1943：98.
④ 参见秦尚志. 中国法制与法律思想史讲话 [M]. 北京：世界书局，1943：99.
⑤ 秦尚志. 中国法制与法律思想史讲话 [M]. 北京：世界书局，1943：96.
⑥ 倪正茂. 汉—唐法律思想略论 [J]. 上海社会科学院学术季刊，1985（3）.

巨大而深远的影响。①

四、宋明清法律思想史学研究

(一) 宋代法律伦理性的加强

宋沿唐制，宋代法律也多沿袭唐律。纪晓岚在《四库全书总目·唐律疏议提要》中说："论者谓《唐律》一准乎礼，以为出入得古今之平，故宋世多采用之。"《宋刑统》基本照抄《唐律疏议》已是不争的事实。

但相较唐，有宋一代，中国政治上中央集权加强，专制程度更甚；经济上，简单商品经济繁荣发展，甚至随着均田制的瓦解，土地也可以自由买卖，不抑兼并；思想文化上，知识精英阶层崛起，使得宋朝出现了"皇权统治国家，士绅构建社会"的局面。这些社会状况都明显反映了唐宋社会变革的客观存在。法律和法律思想是社会的一部分，社会政治、经济、文化等方面的变化也必然影响法律的变化。

从表面看，虽然《宋刑统》基本照抄了《唐律疏议》，但其中仍有细微变化，而这些细微变化正好可以反映宋代法律的特质。同时，宋代法律不只《宋刑统》，宋代编敕、制敕等现象非常普遍，甚至以敕代律、以敕破律的现象也不少见。而敕、令等法律文本由于直接来源于最高统治者，所以它们更直接地体现了统治者的政治法律思想。《唐律疏议》虽有"一准乎礼"的美誉，而宋代法律的伦理道德意识不仅体现在立法、司法中，而且更直接地渗透到人们的思想意识中。20 世纪上半叶对宋代法律思想的研究已开始体现出以上这些特点。

"所谓中国传统法律的伦理化，从原理上可以理解为，传统中国的

---

① 参见何勤华. 中国法学史：第一卷 [M]. 北京：法律出版社，2006：390-391.

人伦道德，也即儒家伦理或者说宗法伦理，内化在传统中国的法律之中并在精神和原则上支配着它的发展和变化。它表现为儒家伦理成为国家立法与司法的指导思想，法律内容和人们的法律意识渗透了儒家伦理的意蕴。"①据此并基于中国特定的社会文化背景，宋代法律伦理同样指儒家伦理和儒家的礼义精神，最根本的即是对三纲五常的维护。但"法律伦理会随着法律的发展而得到发展、积累"②。宋代法律相较于唐代在法律的伦理性上并没有减弱，反而得到了进一步加强。"宋、元、明、清诸律在以《唐律》为蓝本的同时，还对《唐律》中的伦理化精神作了与时俱进的弘扬和发挥，特别是宋明理学取代汉唐儒学成为居统治地位的意识形态后，礼教的观念获得了前所未有的深化和扩散，法律的伦理化较《唐律》实远过之而无不及，有关家庭、婚姻、两性关系等领域的法律伦理化达到了十分极端的地步。"③具体体现在以下方面。

1. 立法体现

在国家层面，随着宋代中央集权的加强，传统的"君为臣纲"更加强化。君权加强，反映在立法上，即是大量编敕，而敕的内容更是皇权意志的直接体现，并且敕的处罚多比律严重，并经常出现以敕代律、以敕破律的状况，皇权以此达到更严格的控制社会的目的，可以说，君权加强与编敕之间交互作用。朱熹曾言："律是历代相传，敕是太祖时修。律轻而敕重，如敕中刺面编配，律中无之，只是流若干里，即今日之白面编管是也。敕中上刑重而下刑轻，如律中杖一百，实有一百，敕中折之为二十，今世断狱只是敕，敕中无方用律。"（《朱子语类》卷一

---

① 张中秋. 中西法律文化比较研究 [M]. 北京：中国政法大学出版社，2006：127.
② 王立民. 略论中国古代的法律伦理——以《唐律疏议》为中心 [J]. 法制与社会发展，2012（3）.
③ 张中秋. 中西法律文化比较研究 [M]. 北京：中国政法大学出版社，2006：133.

百二十八《法制》）中国古代是家国同构、忠孝一体的社会。传统儒家忠孝伦理付诸官场政治的突出特征是以孝求忠，孝与忠并行不悖、连同一体。"事君"与"事亲"是儒家"忠孝一体"不可分割的两个方面。但仕宦官员在其从政为官的具体实践中，二者往往互相抵牾，不断发生矛盾与冲突，以至官场中人屡屡发出"为忠臣不得为孝子""忠孝不两立"之类的仕宦人生感叹。忠孝问题引发的矛盾冲突，主要表现为仕宦官员面对忠君与孝亲孰轻孰重、君与父孰先孰后的两难抉择。在宋代，随着君权的加强，人们在面对忠孝两难的选择时，绝大多数选择弃孝求忠，比如，在同时有国丧和家丧时，臣子可不为父祖守孝而为国君守孝。这是基于现实利害关系以及对严峻政治后果权衡再三的理性抉择，也是儒家伦理在中国传统法律政治领域日益强化的表现。忠对孝的领域的侵占，在宋代更体现了皇权的尊贵，强化了君主专制的一面。

在家族层面，忠孝主要体现为夫为妻纲、父为子纲。尽管从国家层面看，忠有对孝的领域的侵占，但并不意味着宋代对孝的要求减弱了。相反，单就家族领域看，它不但没有减弱反而加强了。宋代很注意孝道驯教、强化孝治思想，旌表孝德孝行，树立道德楷模。同时又通过制定完善缜密的法律条文对不孝行为实施处罚。虽然大多数不孝行为延续《唐律疏议》的规定，但不少条文在处罚上又比《唐律疏议》严格。比如《唐律疏议·斗讼》"子孙违反教令"规定："诸子孙违反教令及供养有阙者，徒二年。"宋代以后，父母对不孝之子甚至有了处死权。这说明，宋代明显具有通过加强孝治以控天下的目的。

2. 司法体现

除了立法外，宋代还通过审刑院这一司法机构，把最高司法权牢牢掌握在皇权手中。唐代多重以武立国，宋代则重文轻武。反映在司法上，宋朝统治者一改五代以来多用武人主狱讼，官吏严酷、恣意用法的现象，派遣有才干的儒生文人做知州，治州郡之狱，力图纠正司法活动中的弊端，并在后来作为祖宗之法被继承下来并逐步制度化。"宋兴，削除苛峻，累朝有所更定。法吏浸用儒臣，务存仁恕。"（《宋史·刑法志·刑法一》）宋太宗时设司理参军，以历任清白、能够判断案件的官员充任，并选用儒士为判官，大量的儒生担任地方官员，能够在司法中贯彻儒家仁政思想，恤狱重刑，爱惜人命，纠正五代流弊。

在立法与司法主体的双重影响下，宋代的实际司法过程确实更深刻地体现了儒家的宗法伦理思想。比如，中国古代特别重视户籍制度，严禁别籍异财，认为户籍制度是"保障家庭礼法统治及家长制度的经济基础"①。《宋刑统》与《唐律疏议》虽然对祖父母、父母在子孙别籍异财者，都规定徒三年，但宋初统治者一度偏离《宋刑统》的最初既定量刑标准，大大加重了对这一不孝罪的处罚，甚至到了"论死"的程度。

3. 人们的法律意识

立法和司法反映的是官方典籍和精英阶层的法律思想，而要全面了解一个时期的法律思想，关注普通百姓的法律意识则是必不可少的，他们对法律的所思所想也许更能彻底反映这个时期的法律思想和法律文化。儒家一直以来是把"大同"世界作为其终极目标的，即《礼记·礼运》所言："大道之行也，天下为公，选贤与能，讲信修睦。故人不独亲其亲，不独子其子，使老有所终，壮有所有，幼有所长，鳏、寡、孤、废疾者皆有所养；男有分，女有归。货恶其弃于地也，不必藏于己；力恶其不出于身也，不必为己。是故谋闭而不兴，盗窃乱贼而不作。故外户而不闭，是谓大同。"体现在法律思想和法律意识方面，即

---

① 钱大群.唐律疏义新注［M］.南京：南京师范大学出版社，2007：399.

是孔子的"听讼，吾犹人也。必也使无讼乎!"(《论语·颜渊》)虽然，大同和无讼在中国远未实现，并且儒家从孔子开始也深知这是不可能实现的，但在中国儒家伦理差等思想包围下的中国法律依然把它作为一种价值追求并深深印入人们的思想中。

宋代法律伦理性的加强不仅具体地体现在宋代立法和司法实践中，更重要的它已渗透到人们的法律意识中，无讼或刑挫成为人们普遍的价值追求。宋代在立法、司法、家族伦理等思想的包围下，更视争讼为耻辱之事，并竭力避免之。

宋代法律伦理性加强有深刻的历史根源。中国古代法从起源上看和家族、血缘有密切的联系。虽然由原始部族到夏商再至春秋战国，中国古代社会经历了诸多变迁，但血缘纽带一直未根本触动，这正是传统中国法律愈益伦理化的秘密所在。费孝通在《乡土中国》一书中曾把家族理解为家的扩大，即最初有一个祖先，这个祖先一般是男性（除云南和四川交界处的一个县里的摩梭人实行母系家庭制度外，中国大多数地区都实行父系的家庭制度）。这个祖先生了儿子，代代往下传，传至玄孙（共五代），按中国人的说法称作"五服"即"同高祖"。《三字经》里讲"高曾祖，……至玄曾"即上下各推四代。一般而言，中国农村的家族是指按男系血缘关系的原则，以家庭为基础组合而成的一个世系。血缘关系上比较近的是"五服""同高祖"，因此家族规模较小，当然也有更大的。

中国的家族制度从西周创立宗法制度并分封诸侯开始算起，已经存在了数千年。最初家族的范围很窄，从周朝到宋朝以前，家族基本上仅限于在帝王及贵族里通行，平民是没有家族的。这种情况与祖先崇拜有关，统治阶级严格规定了什么样的人可以祭到第几代的祖先，老百姓只祭到祖父这一代，不能设家庙，至多只能在家里供个牌位；高层的贵族则可设家庙，可以祭到始迁祖或最早的祖先，这作为一个特权传承下来。但在五代十国大战乱之时，原来的豪门大族遭到严重打击，如晋朝两大族——王族和谢族统统都消亡了，"旧时王谢堂前燕，飞入寻常百姓家"已是当时状况的真实写照。

到了宋朝，家族的发展发生了明显的变化。"宋学盛行，人有敦宗收族之心，而谱牒之纂修复盛。至于今日，苟非极僻陋之邦，极衰敝之族，殆无不有谱。"①可见，宋代家族的范围已显著扩大。同时，范仲淹认为在民间设立一种组织有利于维护统治，所以他提倡家族。他在苏州建一个义庄，专门救济族内穷人，把族人凝聚起来。自此以后的家族出现平民化的趋势，甚至越来越成为乡村地方自治的基础和前提，成为国家与农民之间的必经中介。家族已变成一种基本的社会结构，一般地方官只管到县一级，县以下则基本上通过家族来自治，所以政府也必须依靠家族才能进行更有效的统治。"家族实被认为政治、法律之基本单位，以家长或族长为每一单位之主权，而对国家负责。我们可以说家族是初级的司法机构，家族团体以内的纠纷及冲突应先由族长仲裁，不能调节处理，才由国家司法机构处理……家长族长除了生杀权以外，实具有最高的裁决权与惩罚权……反过来看，法律既承认家长、族长为家族的主权，而予以法律上的种种权力，自亦希望每一单位的主权能为其单位团体的每一分子对法律负责，对国家负责。此等责任或为对国家的一种严格的义务。"②这样，家族与国家之间在管理上便相互依存。家族势力的扩大，必然使家法族规的影响扩大，而深受儒家精神渗透的家法族规自然充斥着儒家伦理。

---

① 吕思勉．中国制度史［M］．上海：上海三联书店，2009：389．
② 瞿同祖．中国法律与中国社会［M］．北京：中华书局，2003：27．

"家族作为一种伦理实体，整个社会的价值之源，家乃是根据一定的伦理规则组织起来的小社会，其中，最基本的社会关系是父子关系，最重要的伦常规则则是孝道。尊长的威权，天子的尊严，齐家治国平天下的总纲，乃至人之所以为人的根本，都在这一个'孝'字上面。"①在宋代家族极度发展的情况下，孝作为家族的基础，自然体现在当时的法律中。

宋代法律伦理性加强也有其自身的理论基础。虽然唐以前，正统儒学的地位未曾有根本性的动摇，特别是唐初《唐律疏议》还获得了"一准乎礼"的美誉，但唐朝中期以后，随着社会的动荡不安，正统儒学不断受到佛道的冲击，儒学独尊地位俨然有被儒佛道三足鼎立取代的趋势。这时一些传统儒学的卫道士开始从儒学内部进行反思，改造传统儒学，这种改造一方面确实是对传统儒学的清理，另一方面又是对佛道的吸收，经过改造吸收后的儒学就是"宋明理学"。宋明理学始于北宋中叶，至朱熹而集大成。它是以理、天理为核心，既贯通宇宙自然和人生命运，又继承孔孟正宗并能治国的理论。宋明理学反映了中国古代社会后期有思想有见识的中国人在思考和解决现实社会问题与文化问题中所生发出来的哲学智慧，它不但成功回应了佛老而使儒学重新走上正统地位，更重要的是它深深影响了中国古代社会后半期的社会发展和文明走势。

但另一方面，宋明理学更加强调用三纲五常来维护封建专制制度，压抑、扼杀人们的自然欲求，"存天理、灭人欲"的思想已像一把利剑割断了人们的天性。同时，这一政治、思想、文化领域的变革，逐渐渗透到社会生活的方方面面，法学也难逃其翼。

---

① 梁治平. 寻求自然秩序中的和谐 [M]. 北京：中国政法大学出版社，2002：127.

宋明理学不仅成功改造了传统儒学，使其进一步为统治阶级所利用，同时它也对当时的法律产生了深刻影响，并使法学完全纳入理学的体系之中，完全成为维护封建社会正常统治秩序的一种工具。①在这种理论体系中，"理"才是绝对的精神，是万物的源泉，而万物都是理的体现，由理而生，法律也不例外。"礼者，天理之节文，人事之仪则"（《朱熹集·答曾择之》）；"法者，天下之理"（《朱熹集·学校贡举私议》）。在这种理论的影响下，法的独立性几乎完全丧失，完全沦为理的附庸，当然也是儒家伦理思想的附庸。清代学者戴震曾言："人死于法，犹有怜之者；死于理，其谁怜之？"甚至得出"后儒以理杀人"的结论。（《孟子字义疏证》卷上"理"）由此，宋明理学的影响可见一斑。

在经济上，宋代社会发生的明显变化，或可称之为"变革"的是"土地本身亦市场化，成为投资标的。商人阶级兴起。城市也商业化，累积大量财富……农村进入交换经济，与城市和商业密不可分"②。中唐以后，均田制瓦解，国有土地逐渐私有化，至宋代，土地私有制已占主导地位，农业、手工业、商业及科技等都较前代有重大发展，社会经济、阶级关系也在不断地发展变化。与此相适应，宋代的各项法律制度也发生着变化。

但这时对土地等财产的处理，并不具有今日的契约自由，它仍极大地受限于家族组织的束缚。即便是家族的家长也并非具有绝对自由的处理财产的权限，他必须受家族、家规的制约，因为财产从根本上说是家族的而非个人的。《宋刑统》规定的"产不出户""亲属先买权"等就

---

① 何勤华．中国法学史：第二卷［M］．北京：法律出版社，2006：14．
② 柳立言．宋代的家庭和法律［M］．上海：上海古籍出版社，2008：9．

是民俗、家规的限制。所以家族的存在以及家法、族规的限制使得中国古代，即便是宋代相对自由的商品经济，也不具有近代意义的契约形态。①

宋代商人的社会地位确有显著的提高。一方面，"这跟士大夫价值观念的改变息息相关。宋代士人不以追求钱财为低俗，不惜以儒为商，与商人通婚亦甚为普遍，借其资财来读书应举者比比皆是，商人亦视此为一种投资"。另一方面，"商人本身的转化也十分重要。他们努力'文人化'，成为文化人，又积极参与公共事务……结合财富、文化、公益于一身，博取社会地位和名声，或可称为'士商'"②或儒商。可见，宋代商人地位的提高并非单是经济上的，也和商人本身迈向儒家化的自我改造有关。儒家思想对经济主体的渗透反过来又必然影响经济领域和主体自身的社会生活和法律生活。

在政治上，宋代接续的是五代十国以来武将专擅司法、残酷虐民的种种弊端。宋初统治者于建制之初遇到的最大难题，便是司法不公所带来的种种社会问题，而要解决这个问题又并非短时期内可以完成，因为人才的培养需要假以时日，但宋初采取的政策与价值取向始终是朝着儒家复合型知识人才这个方向的。司法的正当性首先要诉诸司法群体的伦理道德及其人格品位，而这一点在中国古代社会非儒家知识分子莫属，因为只有精通儒家经典的人才能在司法实践中把儒家的仁政、仁爱思想落实下去，从而改变司法严酷、不公的历史局面。

宋朝，科举取士是首要的也是最重要的选官途径。读书考取功名后成为举人，举人在地方的身份则变成士绅。一般而言士绅是家族的领袖

---

① 梁治平. 寻求自然秩序中的和谐［M］. 北京：中国政法大学出版社，2002：137.

② 柳立言. 宋代的家庭和法律［M］. 上海：上海古籍出版社，2008：30–31.

和精英。相较唐代个人依靠世家大族起家，"似乎宋代的新兴家族大都是某个族人中举入仕后，才积极照顾和组织家族。依次来说，唐代是家族提携个人，而宋代是个人成就家族，家族的成败也更依赖个人的成败。"①而就国家而言则是"皇权统治国家，士绅构建社会"，所以，这一群体在社会上起着举足轻重的作用。"宋代士大夫是一个特殊群体，人数众多，流动性强，他们入仕是国家权力的代表，辞官落职则又成为民间社会的中坚力量，在许多场合下他们具有双重身份。更为重要的是，在宋代，随着科举制度的发展和印刷术的进步，没有入仕的知识分子群体变得非常庞大，他们中的大多数人在民间社会发挥着地方领袖的作用。他们具有一个共同的特点就是：都是具有文化优势的知识分子，在民间社会享有崇高的威望。"②

宋朝的科举考试除了传统的儒家经义，还创设了"明法科"，法律成为科考的重要内容。所以，宋朝士大夫"文学法理，咸精其能"（《宋史》卷三百一十九《曾巩传》）。同时，宋之士大夫既不同于现代社会之职业法学家，也与汉唐之儒生略有差异。汉之儒生长于经义，疏于吏事，即便是到了唐代，这种现象也依然存在。宋代士大夫不但在理论素养上，在司法实践上也深刻体现了儒家经义精神。

宋代法律伦理性加强从某种程度上导致法律虚无主义的蔓延。法律虚无主义，从字面上看似乎是一个关于有法无法的问题，但就其根本而言，它主要涉及的乃是法律在国家政治中的作用和地位及其起作用的方式的问题。法律虚无主义在一定程度上的确与"无法"或法律稀少现象联系在一起。但作为一种理论形式，法律虚无主义并不仅仅是一个简

---

① 柳立言. 宋代的家庭和法律［M］. 上海：上海古籍出版社，2008：36.

② 陈景良. 法律史视野下的唐宋社会变革——从'皇权统治国家，士绅构建社会'说起［J］. 公民与法（法学版），2012（2）：2-7.

单的法律是否齐备的问题，它在根本上集中体现的是对法律的忽视、轻视乃至蔑视。法律虚无主义与政治生活中的个人崇拜以及由此所致的政治权力高度集中联系在一起。政治领域的个人崇拜与政治权力高度集中相伴而生，在此情况下，法律势必被置于个人之下，由此发生以言代法、废法、轻视法的现象也就在所难免。

一方面，法律的极度伦理与道德性，决定了法的性质、价值、精神和目的，从而使道德功能扩张到社会的各个领域包括法的领域。"而这种泛道德的终极目的，是要通过道德的内在修养功能，来达到规范人们的行为，淳化社会的风俗，达到社会和谐的目的"①，甚至使法律完全为政治所消解和取代，法律的独立性和社会地位都大大降低。"从法律成长的立场出发，伦理化的中国传统法律对它自己所产生的一个不利后果是，其自身的独立发展受到了制约，最终成为伦理道德体系的附庸。"② 至此，法的社会地位进一步降低。

另一方面，法律伦理性的加强也导致公民权利观念的削弱。中国古代专制主义法律的特征是历代政府更多地关注民众的法律义务，而对于民众的法律权利却很少涉及，这种畸形的法律模式造成了中国古代社会民众的权利意识淡漠，民众向封建国家不断地尽着各种义务，而不能享受应得的权利。当权利和义务关系的失衡状态达到一定程度时，必然造成民众和政府的对抗，甚至发生动乱、起义等推翻旧政府的事件。

宋代理学严格要求"存天理、灭人欲"，作为理学派生物的法完全成为"灭人欲"的工具，强制性、镇压性、义务性功能更加凸显，而

---

① 何勤华. 中国法学史：第一卷 [M]. 北京：法律出版社，2006：94.
② 张中秋. 中西法律文化比较研究 [M]. 北京：中国政法大学出版社，2006：161.

现代法中的权利因素几乎无立身之地。在伦理体系的包围下，任何个人权利的萌生都会在君臣、父子、夫妇、兄弟等关系的严重束缚下将其扼杀在摇篮中。

在国家权力体系上，国家微观权力加强。福柯用谱系学方法分析微观的权力关系并区别于传统的权力划分方法。首先，他认为，权力无所不在，且具体而微。这是福柯对权力的基本判断。他认为在整个现代社会，弥散性的权力已经浸入生活的各个方面，它可以在最细小的地方被捕捉到，它把一切都整合到自己万能的统一体中。而这种弥散性的权力不一定是靠统一的国家机器来实现的，权力具有各种不同的形态，使用各种不同的技术，在各个不同的局部领域，它拥有策略的多样性，所以它又是具体的。其次，权利朝着规范化方向发展，惩戒权力在演变过程中，越来越强调对个人肉体的治理和规训而非致死。通过一系列的权力技术，个人被无休止地编制进一种社会秩序中，为的是恢复，即重新生产出个体被削弱的力量、被取消的技能、被遗忘的道德。

福柯对微观权力的分析虽然是针对现代权力的阐释，与封建王权的运作并不一致。但他的某些观念同样适用对传统权力结构的分析。按照福柯的权力理论，宋代对人民进行控制的权力明显加强了。这种加强不但表现在外在的中央集权力量，同时，国家通过政府、士绅、家族、儒家伦理不断层层推进，更加强了对人民的生活、思想等的控制。伦理道德的约束成了一种治理术，它在当日的社会中无处不在，它存在于被建立起来的各种关系和网络中，但在这样的关系和网络中权力的主体却无处可寻，但却始终制约、压抑着人们的身心，并使人们无法反抗。它离福柯所追求的拒绝规训对个体的同一、彰显个体差异的目标越来越远了。福柯说："我们决不会堕入权力的圈套之中：我们总是能在确定的条件下并按正确的策略减缓权力的控制。"①可在宋代当时特定的情况下，人们要挣脱微观权力的牢笼何等不易。

宋代法律伦理性的加强，一方面使得国家从微观层面加强了对人民的控制，但另一方面家法族规对国家的法律也具有反向的制约作用，使得国家在实施控制时不得不考虑家族的利益。正因为伦理道德、家法族规等人们耳熟能详的东西对法律的渗透，使得普通民众潜意识里深化了对法律的认知，尽管这种法律是伦理化的法律。

综上所述，虽然宋代法律社会发生了不少变化，甚至发生了不少可称之为"变革"的东西，而且就宋代本身而言法律思想的转型也是分阶段的，比如北宋初期正统法律思想的巩固、北宋中期功利和变革法律思想的盛行以及南宋时期正统法律思想的哲理化等三个阶段，但这种变化或变革依然是在思想传承的基础上进行的，而法律伦理性的体现和加强正是这种传承的体现。

宋代在理学影响下，法律呈伦理化趋势。但"宋代政治思想之重心，不在理学，而在与理学相反抗之功利思想。此派之特点在斥心性之空谈，究富强之实务……此亦儒家思想之巨变，与理学家之阴奉佛老者取径虽殊，而同为儒学之革命运动"②。

表现在法律上，宋代法律伦理性的加强并不等于法律的弱化，近代研究者已从更深层次上指出了这一问题。"宋儒——尤其是道学家，大概都如苏轼自称'读书不读律'的，他们对于法律，显然是外行。但是道学先生和文坛巨子，总爱发高论，他们又往往提倡德教，反对法

---

① 福柯．规训与惩罚［M］．上海：上海三联书店，2007：224.
② 萧公权．中国政治思想史（上）［M］．北京：商务印书馆，2011：437.

治。他们不知道唐宋以来儒家的立法，骨子里的严酷，并不减于法家的立法。然而高调是中听的，犯刑法的'小人'，乃是不受德教的，所以应该受刑，俾得天下清平。"①

（二）明清法治思想的变迁

"明清之际，中国社会的发展已达最高点，快到分解的前夕。因此自由主义的思想也时有抬头，不过在地主官僚的压抑下，这样的思想，旋起旋仆罢了。法治思想也是如此，在数百年间起伏不已，直至晚清。"②所以，20世纪上半叶法律思想史的研究已认识到，明清之际中国的法治思想已发生了微妙的变化。

"洪武时代，颇有法治的气象。当时努力把法律公布于民，不使他成为官僚鱼肉小民的工具……死于成祖之手的方孝孺，不单是文章家，更是法治的理论家；虽然因为传统的关系，有着儒家的面目，但其精神完全是和儒家异趣的（王守仁、黄宗羲、颜元、戴震等也未始不如此，不过是在哲学上而已）。"③

从法治思想出发而抨击君权，提倡民主主义，确是不同于传统法治思想的。"黄宗羲《原君》一篇，提倡民主主义，是中国历代思想家所不敢言的。《原法》一篇，提倡法治，抨击君主以法私天下，不以民众福利为依归，更是痛快。"④

由法治思想质疑传统的"无讼"观念也是传统法治观念的更新。"自孔子有'听讼吾犹人也，必也使无讼乎'的话，两千多年以来，在中国社会上有极大的权威。人民不愿诉讼，'讼则终凶'，这固然是政

---

① 秦尚志. 中国法制与法律思想史讲话 [M]. 北京：世界书局，1943：117.
② 秦尚志. 中国法制与法律思想史讲话 [M]. 北京：世界书局，1943：133.
③ 秦尚志. 中国法制与法律思想史讲话 [M]. 北京：世界书局，1943：133.
④ 秦尚志. 中国法制与法律思想史讲话 [M]. 北京：世界书局，1943：134.

治黑暗的缘故；然而消极方面，则法治永远不能抬头。清人崔述，颇有自由主义的精神，对于'无讼'的思想，大加抨击，隐然为法治张目。"①除此之外，秦尚志还指出，明清两朝在婚姻、继承等方面，法律做出了不同于传统的规定，或者旧法虽在，但施行上人们的观念也已发生了变化。

"我们究竟需要什么样的法治？在当代中国，大概不会有多少人反对建立一个法治社会，大多数人可能也会赞成法治优于人治的观念，但是有多少人能够认识到法治是与自由紧密相联的旨在限制政府权力的、建立在西方城市自治基础上的法律自治，又有多少人能够认识到法治乃是源于西方各种社会文化条件、发乎西方人心的自发演进之物呢？大多数中国人理解的法治，倒可能是那种高度集权的、一断于法的中国传统意义上的法治。"②所谓"法治"，其实不仅仅是"以法治国"的意思，而且含有用以治国的法律所必须遵循的原则、规范或理想的意思，如"公平原则""平等原则"和"维护人的尊严的原则"等等。也就是说，法是确定的、公认的理想，而非我们通常所称的"长官意志"或者个人灵机一动的狂想。③所以，法治不仅是以法律统治老百姓，更是以法律约束统治者。法治就是对权力的限制。④政府的权力也要受法律的限制，这才是法治的实质意义。⑤

法治并不仅仅单纯是法律，因为每个国家都有法律，法律不等于法治。法治意味着法律必须代表一个社会的道德共识，它的权威要高于当

---

① 秦尚志. 中国法制与法律思想史讲话［M］. 北京：世界书局，1943：136.
② 尹伊君. 社会变迁的法律解释［M］. 北京：商务印书馆，2003：导论.
③ 龚祥瑞. 比较宪法与行政法［M］. 北京：法律出版社，2012：81.
④ 龚祥瑞. 比较宪法与行政法［M］. 北京：法律出版社，2012：74.
⑤ 龚祥瑞. 比较宪法与行政法［M］. 北京：法律出版社，2012：77.

时的行政权力。不管是总理、总统还是国王陛下，他们不可能随心所欲
地进行统治。随心所欲就不是法治，法治意味着最高权力机构也必须遵
守法律。①

---

① 郑子昂．谁的终结？——福山与张维为对话"中国模式"［EB/OL］．复旦大学中
国研究院，2017－06－16.

第五章

专题法律思想史学研究

法律思想史领域的专题研究可谓名目繁多，专题研究的领域和深度也颇能体现研究者的水平，20世纪上半叶中国法律思想史领域的专题研究也涉及较广。本部分主要围绕中国古代法律思想的哲学基础和中华法系的研究展开。

第一节　中国古代法律思想的哲学基础——天人合一

"凡伟大之学者必有其哲学上根本观念，而推演之以论政治，故欲研究先秦各派之政治思想，最少亦须对于彼之全体哲学，知其梗概。"①梁启超虽然在说先秦的政治思想，但推及法律思想同样适用。可贵的是，近代学者不论在自身的哲学素养还是在法律思想的研讨上，确实体现了他们在哲学上的深厚功底。

一、天道的哲学含义

天的观念一直是中国古代哲学的一大关注点，但中国的天自始至终"并非直接支配政治之天，更非直接管理人民之天，亦不能构成一个以

---

① 梁启超. 先秦政治思想史［M］. 长沙：岳麓书社，2010：14.

上帝为主之'精神王国'"①。从荀子的天人之分、董仲舒的天人感应到张载的天人合一，他们不否认天的存在，同时认为天意总是通过人来表达的，所以中国的天更倾向于伦理化的天，它的起点和归结始终是道德与秩序。

在中华法系研究中，学者们也对蕴含于中华法系背后的哲理进行解读。丁元普非常重视法律的哲学解读：

> 欲明法学之系统，当从法律哲学。以研究法律现象之为最高原理或根本原则。盖学者虽依沿革的研究，而知古今法律变迁之所在；依比较的研究，而知东西洋法律异同之所在；依分析的研究，而知现行法律所认之原则。然此仅足以知法律之为何物（过去），法律之成为何物（现在），仍无以明了法学之系统，完成研究之目的。故必综合法律现象之最高原理，以理解法律之可成为何物（将来）。夫而后法学之系统，乃能穷源竟委任矣。②

同时期，王汝琪女士在《中华法系之复兴》一文中，作为专门问题阐明了"中华法系之哲学的基础"，探讨了支配中华法系四千年发展的哲学思想。她按照西方法哲学方法把中国古代法律思想分为三个学派：①神权法学派，是上古时期文明未进步时的法学思想形态。②自然法学派及理性法学派，其代表是儒家法律思想。作者认为"儒家对于法律都是以实行法律为达到道德的手段，这在法学派中居于自然法学派，儒家评议法律的言论是潜伏的，很少有明显的表现"。③同时作者认

---

① 陈顾远. 中国法制史概要［M］. 北京：商务印书馆，2011：52.
② 丁元普. 中华法系成立之经过及其将来［J］. 现代法学，1931，1（4/5）.
③ 王汝琪. 中华法系之复兴［J］. 复兴月刊，1933，1（10）.

为，道家和墨家也有一部分属于自然法学派。但道家不拘礼法，而墨家主张礼法本于天。所以同是自然法言论，与儒家却有所不同。当然这里的自然法学派并非完全是基于启蒙运动而在西方产生的自然法学派，虽然有西方自然法的影子，但更多是基于中国本土理解的自然、道德而产生的自然法学派。③"已成统一体系的法学家之思想"，这是指法家的法律思想。作者认为，"法家以儒、道、墨三家的思想为学理上的根据，所以法家的立论是由儒、道、墨三家的思想嬗变汇合而成的。中华法系的进化可分为两大支：在公法上是由自然法进为人为法，在私法上是由宗法而为国法"①。

一方面，学者们重视中华法系的哲理基础，同时认真分析了影响中华法系的哲理精神。特别表现在有不少学者提出，"天人合一"是中华法系的最高精神境界。徐忠明认为："'天人合一'是中国传统法律的价值观念与精神境界的最高体现；或者说是各种法律制度的终极依据。"②"可以说，中国古代占统治地位的世界观是'天人合一'，天人合一构成了中国传统文化的基本精神，是中国古代哲学的基本命题。""不管是价值与理想的形上追求，还是法律制度的形下建构，天人合一思想对中国法的形成与发展、制定与运行都有深刻的影响。天人合一实为我中华法系的基本精神和主要特色（之一），正是它成就了中华法系的高远境界和宏伟气象。"③按照任继愈的看法，天人合一的"天"，至少有五种含义：①主宰之天，它可以指挥自然界的变化，决定社会治乱与个人祸福；②命运之天，人力无法改变，只能尽力而为；③自然之

---

① 王汝琪. 中华法系之复兴 [J]. 复兴月刊，1933，1（10）.
② 徐忠明. 法学与文学之间 [M]. 北京：中国政法大学出版社，2000：295.
③ 吕世伦，邓少岭. 天人合一境界中的中华法系之美 [J]. 现代法学，2003（3）：35 – 39.

天；④人格之天，有喜怒哀乐，可赏善罚恶之天；⑤义理之天，世界上好的品性和行为都是天生的，天给予的。①冯友兰同样给出了"天"的五种含义：①物质之天，即与地相对之天，就是我们现在所说的天空；②主宰之天，即所谓皇天上帝，有人格的天、帝；③运命之天，乃指人生中吾人所无奈何者，如孟子所谓"若夫成功则天也"之天是也；④自然之天，乃指自然之运行，如《荀子·天论篇》所说之天是也；⑤义理之天，乃谓宇宙之最高原理，如《中庸》所说"天命之谓性"之天是也。②而国学大师汤一介则把中国哲学史"天"的含义归纳为三种：①主宰之天（有人格神义）；②自然之天（有自然界义）；③义理之天（有超越性义、道德义）。③虽然每个人的理解不同，但他们都含有人与自然界相和谐的意思，都认为天命、人性、道德、教化原本是一脉相通的。但"天"的含义远远不止于此。

虽然人们对"天"的理解是多角度的，甚至到了宋代有把"天理"本体化的发展，但在中国以儒家入世哲学为指导的社会，始终是以人为中心的，对天的理解也多是伦理化的天，人们敬天、畏天的起点与归结是为了建立良好的道德与社会秩序。"儒家一切学问，专以'研究人之所以为人者'为其范围……吾侪若离却人之立脚点以高谈宇宙原理物质公例，则何所不可？故儒家所确信者，以为'人能弘道，非道弘人'。故天之道地之道等等悉以置诸第二位，而惟以'人之所以道'为第一位。质言之，则儒家舍人生哲学外无学问，舍人格主义外无人生哲学也。"④正如孟子所言："仁也者，人也。合而言之道也。"

---

① 任继愈. 试论天人合一 [J]. 传统文化与现代化，1996 (1)：3 - 6.
② 冯友兰. 中国哲学史 [M]. 上海：华东师范大学出版社，2000：35.
③ 汤一介，汪德迈. 天 [M]. 北京：北京大学出版社，2011：28.
④ 梁启超. 先秦政治思想史 [M]. 长沙：岳麓书社，2010：82.

由天及人，也是儒家政治思想的核心之一。"政治为人生之一部门，而儒家政论之全部，皆以其人生哲学为出发点，不明乎彼，则此不得而索解也。"①

吴经熊也深刻指出："我国民族向来所持的宇宙观是以人事解释自然界（拟人论），再拿这个人事化的自然界来做人间世的模范！所以在表面上是个超然人生观，其实是个拟人论的宇宙观。口口声声说是人法天，的的确确却是天法人，至少也是人法法人得天。"②

二、对法学思想的影响

哲学上的"天人合一"观念，体现在中华法系的精神上就是以人为本、和谐、无讼、法律伦理化和道德化、自然法观念、法律虚无主义等思想的影响。

"中国固有法系之神采为人文主义，并具有自然法像之意念。陈顾远指出世界上古代法系的产生都经历了神权法阶段，与其他法系不同，中华法系迅速摆脱了神权法阶段进入了人文主义阶段，即逐渐不以神祇为主，而以人事为宗。这与中华文明形成于黄河流域之大平原有关。随着社会的发展，逐渐生出'天'的观念，而'天意'即'民意'，天道天则实际上类似于西方的自然法。"③或者换句话说："人本主义，或人文主义，是中国古代法制与法文化的哲学基础。"④

"儒家固系中华民族中之正统思想，其所以能取得此一地位，正因其能代表全民族之思想，于法系中输入自然法观念，并以天人合一为

---

① 梁启超. 先秦政治思想史［M］. 长沙：岳麓书社，2010：82.
② 吴经熊. 法律哲学研究［M］. 北京：清华大学出版社，2005：57.
③ 史广全. 陈顾远中华法系研究初探［J］. 学术探索，2005（2）：61–64.
④ 张晋藩. 中国法律的传统与近代转型［M］. 北京：法律出版社，2009：32.

说，即此故耳。其实在其他各家依然有此种观念在内；老子之人法地，地法天，天法道，道法自然，不必言之；墨子虽以天为有意识，而'尚同''兼爱''非攻'等等理论之本身，仍为自然法之性质。即以法家之管子为言，亦不否认。自然法为用，因而有人遂以管子思想含有儒法两家思想在内。惟真如此，儒家所主张之礼刑合一，所称许之明刑弼教，乃能实现。盖礼教皆系宗乘自然法而存在耳。"①

在"天人合一"思想的影响下，"无讼"观念也已深入人心。但近代在新思潮的影响下，学者对"无讼"的观念提出了质疑："争讼是社会上免不得的自然现象；一则用不着人们来鼓吹，二则也不是道德上的教训所能根本拔陈的。既是不能拔除的，那么最便宜的方法是利用这个自然现象平心静气地来演出若干解决争讼的原则。法学的昌盛，法治精神的发达，都是以争讼为基础的。没有争讼，就不会有真理，也不会有公道。法律是以争讼为发源地，以公道为皈依处。"②

第二节　不能重建的中华法系
——20 世纪以来中华法系研究述评与展望

中华法系的研究，从 20 世纪初至今已有百余年的历史，期间既有梁启超、杨鸿烈、陈顾远等民国先贤的奠基，也有张晋藩、俞荣根等当代知名学者的积极探索；既有对中华法系基本问题如概念、时间范围、地域范围、特征等问题的论述，也有对一些问题的争论，足见对这一问

---

① 陈顾远. 中国法制史概要 M]．北京：商务印书馆，2011：53－54.
② 吴经熊. 法律哲学研究 M]．北京：清华大学出版社，2005：65.

题研究的热潮及所取得的丰硕成果。在此百年之际，对前辈的成果予以梳理和思考，不但对于我等后学是一个厘清思路、潜心学习的过程，更期望通过自己的点滴工作，能为学界对这一问题的思考提供一些借鉴和参考。

一、中华法系源流

"法系"一词最早于 1884 年由日本著名法学家穗积陈重提出。他在日本刊物《法学协会杂志》第 1 卷第 5 号发表了论文《论法律五大族之说》，在此文中他按照各国法律传统和相似性把世界法律分为五大类：印度法、中华法、伊斯兰法、英国法和罗马法。后来在称谓上虽有中国法族、中国法系、中华法系的辗转变化，但在内涵上基本符合穗积陈重运用这一概念的初衷，也符合他的划分标准，即按照各国法律传统及其相似性所做的划分。其后，在世界范围内，对法系研究较有影响的著作是 1914 年德国学者柯勒尔（Josef Kohler）和温格尔（Leopold Wenger）所著的《综合法制史》，在这部著作中，他们将世界法律划分为原始民族法、东洋民族法、希腊民族法。显然，这里的东洋民族法即指中华法系。当然，在他的划分中暗含了法律的线性发展，在法律进化这条线上，西方法律处于金字塔的最高端。梅因在《古代法》中的那句名言"所有进步社会的运动，到此处为止，是一个从身份到契约的运动"[①]，表明梅因也深受这种思路的影响。1923 年，美国学者威格摩尔（John H. Wigmore）同样在《法学协会杂志》（第 41 卷第 5 号）上发表了论文《世界诸法系之发生消灭及传播》，在此文中，他将世界法律划分为十六大法系：埃及法系、美索不达米亚法系、希伯来法系、印

---

① 梅因. 古代法 [M]. 沈景一，译. 北京：商务印书馆，1959：112.

度法系、中华法系、希腊法系、罗马法系、日本法系、伊斯兰法系、凯尔特法系、斯拉夫法系、日耳曼法系、海事法系、教会法系、大陆法系和英美法系。这集中体现在他的名著《世界法系概览》一书中。在这部著作中中华法系被认为是"惟一一个持续留存至今的古老法系——超过 4000 年的时间"①。

穗积陈重博士在提出"法系"概念时,"借助了西方生物分类学和人类学的术语,其英文为 Genealogy of law 和 Family of law。Genealogy 和 Family 都有家谱、世系、系谱、血缘、家系等含义,故我国最早将其汉译为'法族'。顾名思义,一个法系就是在时间上向后传宗接代、空间上向周边蔓延繁衍的法律家族在这一范围内不同时间不同国别的法律制度有着相同的'基因'(Genealogy — Gene)"。②法系之划分,就应以法之独特精神为标准。中国学者陈顾远赞同此观点:"夫一法系之成立,必有其一帜独树之特质,与卓尔不群之精神,虽彼此或有相类之点,但彼此绝无尽同之事。"③

但不管从哪个角度划分世界法律,中华法系都是具有代表性的不可缺少的一部分。自 20 世纪以来这个问题也越来越受到学者的关注,自此也开启了国人研究"中华法系"的热潮。

在中国,梁启超是最早进行中华法系研究的人物。这集中体现在他的《中国法理学发达史论》和《论中国成文法编制之沿革得失》(1904年刊行)两篇论文中。在《中国法理学发达史论》中,他说:"近世法学者称世界四法系,而吾国与居一焉,其余诸法系,或发生蚤于我,而

---

① 威格摩尔. 世界法系概览 [M]. 何勤华,李秀清,郭光东等译. 上海:上海人民出版社,2004:111 – 112.

② 俞荣根,龙大轩. 中华法系学述论 [J]. 中西法律传统,2006 (1):119 – 138.

③ 陈顾远. 中国法制史 [M]. 北京:中国书店,1988:52.

久已中绝；或今方盛行，而导源甚近。然则我之法系，其最足以自豪于世界也。夫深山大泽，龙蛇生焉，我以数万万神圣之国民，建数千年绵延之帝国，其能有独立伟大之法系，宜也。"①在《论中国成文法编制之沿革得失》一文中，他说："虽然，法律之实质，既已历二千余年，无所进步。即其形体，亦沿汉晋隋唐之旧，卷恢条目虽加增，而组织之方法，卒未一变。驯至今日，而固有之法系，殆成博物院中之装饰品，其去社会之用日远，势不得不采他人之法系以济其穷。"②又说："我国之法系，其中一部分，殆可谓继受苗族之法系而来。"③对中华法系的法源，他认为："我国数千年自成一固有独立之法系。"而对中华法系的影响，他概括道："故高丽日本安南诸国，皆以彼时代继受我之法系。"④虽然梁启超在其论文中陆续使用了"我之法系""独立伟大之法系""我国法系""我国之法系""独立固有之法系"等称谓，但已从不同角度指向中华法系这一概念。不过，梁启超当时还不可能对中华法系从法理上进行系统研究。

　　民国时期中华法系研究的一个弊端就是概念不清、对象不明。而用语不同，所指可能也不同，由此讨论问题的基础也可能不同。比如"法系"一词，语多歧义。凡用"中国法系"一词的，其视角往往关注中国当下的法律改革，以建立中国特色的新法系；凡用"中华法系"一词的，其视角多关注于总结传统法律的特征与历史地位以及继承的可能性；凡用"我国固有法系"一词的，往往倾向于旧有法律思想和法律制度的描述。

---

① 范忠信. 梁启超法学文集［M］. 北京：中国政法大学出版社，2000：69.
② 范忠信. 梁启超法学文集［M］. 北京：中国政法大学出版社，2000：123.
③ 范忠信编. 梁启超法学文集［M］. 北京：中国政法大学出版社，2000：124.
④ 范忠信编. 梁启超法学文集［M］. 北京：中国政法大学出版社，2000：147.

新中国成立以后，大多数学者已接受"中华法系"的称谓，学者们认为构成中华法系的要素有二：一是独有的特征；二是涵盖一些国家和地区，使该国的法律建设纳入中华法系，构成一个系统。基于此，不少学者对中华法系的概念进行了概括。笔者认为，比较有代表性而且全面的是："所谓中华法系，是指在中国古代特定的社会历史条件下孕育成长的，以礼法结合为根本特征，以成文刑法典为核心内容，以《唐律疏议》为典型代表的中国封建时期的法律制度以及仿效其法而制定的东亚诸国法律制度的统称。"①

但也有部分学者并不认可，甚至对"法系"的说法也感到模棱两可。武树臣就指出："当我们回顾百余年来比较法学家们关于'法系'的学说之际，却突然发现，最早提出'法系'的比较法学家实际上给自己并给其后继者提出了一个大难题，甚至可以说是一个'吃力不讨好'的大难题。他们留给我们的，尽管有许多有益的启示，但更多的是混乱，特别是由于没有使用明确的划分标准（或同时使用几个划分标准）所造成的逻辑混乱，以至于我们在读这些著作时不禁感觉到，他们除了历史根源之外，什么也没说清楚。""因此，继续在划分'法系'上面下功夫也许是不明智的。而正确的选择也许是走出'法系'的迷谷，去寻找新的研究视野，这就是'法律样式'。"②

笔者以为，对于"中华法系"这一概念，虽然学界仍缺乏统一、准确的概括，但随着研究的深入，学者们已经明显地把中华法系看成一个实体，热衷于探讨中华法系的起源、时限、发展阶段、特征、根本精

---

① 何勤华，孔晶. 新中华法系的诞生？——从三大法系到东亚共同体法 [J]. 法学论坛，2005（4）：44–52.

② 武树臣. 走出"法系"——论世界主要法律样式 [J]. 中外法学，1995（2）：1–6.

神和命运走向等基本问题，甚至俞荣根还提出了"中华法系学"的论断。这种深入系统的研究，明显摆脱了研究初期把中国古代法制史研究统归于中华法系的这种大杂烩式的方式，在研究对象上有明显的进步。如果要把中华法系作为一个持续性的课题深入研究，还需要明确它的研究任务并使之系统化。就目前阶段而言，对中华法系的研究主要在于汲取中国传统法律文化的精华为当前的法律建设服务，并在此基础上，使之系统化、条理化，甚至形成独立的学科，可持续地、长远地为当前的法治建设服务。

二、对中华法系的多元思考

除了对中华法系的基本概念界定，20 世纪学术界还从多个角度广泛深入讨论了中华法系的问题，包括时间、空间、特点、价值等。

（一）中华法系的时间问题

这个问题在民国时期研究者中涉及并不多，因为当时学术界更关注中华法系本身的社会价值及其对民族复兴的帮助。但李次山在《世界法系中之中华法系》一文中，仍详细讨论了中华法系的发生与发达以及中华法系中法律制度发展的轨迹。作者认为中华法系的发生与发达可以分为四个时期：萌芽期、成熟期、发达期和因袭期。[①]

首先是萌芽期，作者认为中华法系肇始于太皞伏羲氏，其依据见于《易经·系辞》中记载，只是内容相当简单而已。其次是成熟期，唐虞时期，法律制度已然大备。他根据《尚书·尧典》《尚书·舜典》中所记载的典章制度，批驳了欧美学者认为汉谟拉比石柱法是世界最古老之法典的论断，强调前述二典远远超越于后者。再次是发达期，他认为中

---

① 李次山. 世界法系中之中华法系（再续）[J]. 法学丛刊, 1930, 1 (4).

华法系的成熟代表就是《周礼》一书（这一点似乎影响到后来的学者），他认为《周礼》一书最大的意义在于它设置了一套详备的官制，无论是中央官职还是地方官职，无论是中央行政制度还是地方行政制度，都设置得井然有序。除此之外，周礼中还规定了一整套诉讼审判制度，在他看来，早在西周时期，司法行政已经分开，甚至还有大量民主性因素在内。即使是民商事法规，周礼也没有遗漏，其中的土地制度、市廛法规、婚姻制度等足以证明此点。作者因此感慨："周代法律制度之周备，立法精神及其采用政策之完善，可谓登峰造极矣。故后代法学不昌，不能将此种种最适于人类社会生活之法律制度，发扬而光大之，不可谓全世界之恨事。"最后是因袭期，作者认为，从汉代开始，中国法律没有产生根本性的变革，换言之，自《周礼》奠定中华法系地位之后，后来的法律，只是在其中某个点上加以修补而已。为此他简要地叙述了从《法经》开始到《大清律例》结束，各代法典篇目演变增删之大略。然而至清末修律后，法律形式及分类"已十九趋于欧化"①。

但 20 世纪 80 年代以后法律史学者则深入讨论了这一问题，并基本达成一致，认为中华法系"主要是指中国封建时代的法律，它的形成经历了一个漫长的过程，有其历史渊源……至 20 世纪初期，随着封建社会的解体，中华法系已经丧失了独立存在的基础，清末政府变法修律，开始输入资本主义的法律，特别是经过日本输入的大陆法系，逐渐占据主导地位，中华法系终于解体了"②。乔伟说："中国封建法律制度以战国时李悝所编纂的《法经》为其开端，经过秦汉魏晋南北朝的沿革发展，到隋唐时期已经达到了完备阶段。《唐律疏议》就是中华法系

---

① 张晋藩. 中华法系的回顾与前瞻 [M]. 北京：中国政法大学出版社，2007：11.
② 张晋藩. 再论中华法系的若干问题 [J]. 政法论坛，1984 (2).

的典型代表。此后又经过宋、元、明、清各朝的承袭沿用，到清末沈家本等人修律时，中华法系才告解体。所以说，中华法系基本上是与中国封建专制制度相始终的。"①

但也有学者认为：中国民族资产阶级领导的辛亥革命才基本上打破中华法系的古老传统。②而陈朝璧在《中华法系特点初探》一文中提出广义的中华法系概念。作者认为应从广义上来理解中华法系，而广义的中华法系包括三个历史阶段中本质不同的中国法制：历 3000 年之久的封建法制，近代史上昙花一现的半封建法制，后来居上的社会主义法。③ 而武树臣在肯定了中华法系的产生的一般观点时，又提出"中华法系与中国法同时出现同步发展。中国法律产生于原始社会的部落联盟时代"。"由于史料的原因，虽然我们可以通过甲骨文来窥见殷商社会生活的诸多方面，但是真正能够详细叙述的法律史是从西周开始的。"他还分析了中华法系的原生形态。他认为："中华法系历史悠久，其起源可以上溯到史前的传说时代。古史传说时代的东夷民族，不仅发明了最初的法律制度，还酿造了丰富的法律观念，这些内容构成了中华法系的原生形态。"④

（二）中华法系的空间范围问题

在中华法系的空间范围问题上，学者们普遍认为它涵盖了日本、朝鲜、越南、琉球等相邻的国家和地区，并且认为中华法系的影响范围与以下几个因素有关：一是与中国所处的自然地理环境有关；二是与农业

---

① 乔伟. 中华法系的基本特点 [J]. 文史哲，1986 (2).
② 韩玉林，赵国斌. 略论中华法系特点及其形成和消亡的途径 [J]. 吉林大学社会科学学报，1983 (4)：59 – 64，76.
③ 陈朝璧. 中华法系特点初探 [J]. 法学研究，1980 (1).
④ 武树臣. 中华法系的原生形态、发展轨迹和基本特征 [J]. 法学杂志，2012 (1)：110 – 116.

经济为主要经济结构的生产方式有关；三是与宗法制的长期统治所造成的家族主义和伦理关系有关；四是与专制主义政治制度的影响有关。①也有的学者从经济、政治、思想三个方面考察了中华法系的形成原因，认为中华法系涵盖的国家，经济上都是农耕经济，政治上都是世俗的国家政权，思想上都以世俗思想为国家的主要思想而非宗教思想。②还有的学者认为除了特殊的环境、儒家学说之外，移民和留学为中华法系的形成发展造就了法律移植人才，而汉语又为中华法系的形成发展提供了传播媒介和语言文化条件。③

（三）中华法系的特征问题

关于中华法系的特征问题，可谓百家异说。从民国时期开始，学者已从不同角度对其进行梳理和总结。20 世纪 80 年代后，法律史学界的主流学者更是对这一问题进行了深入探讨。并且学者普遍认为，考察中华法系的特点，要从本国国情出发，抽象出其特殊性，亦即是中华民族所独有的。陈顾远认为："中国固有法系为世界最古老法系之一，在世界各大法系之林中，具有灿烂光明卓尔不群之风格，独树一帜，与众不同。"④同时他认为："印度法系的特色在于种姓等级制；伊斯兰法系的特征在于政教合一，以《古兰经》为经典；大陆法系的特色在于罗马法基础，重视法典的创造与编纂；英美法系的特色在于以习惯法为其渊源、重视成例和保守性。每一法系的特征都与影响它的文化的特性有一致性。"⑤因此，对于中国法系他独到地指出"故中国固有法系之存在，

① 张晋藩. 中华法系特点探源 ［J］. 法学研究，1980（4）：48－54.
② 王立民. 也论中华法系 ［J］. 华东政法学院学报，2001（5）：3－11.
③ 杨振洪. 论中华法系的形成和发展条件 ［J］. 法学研究，1997（4）.
④ 陈顾远. 中国文化与中国法系 ［M］. 台北：台北三民书局，1969：4.
⑤ 史广全. 陈顾远中华法系研究初探 ［J］. 学术探索，2005（2）：61－64.

由法家创造其躯体，由儒家贯注其灵魂，乃儒法两家合作之成绩也"①。
基于此，陈朝璧认为，中华法系主要有三个特点：① 重视成文法典的
编纂；②以天理作为法的理论根据；③礼法并重。②乔伟认为，中华法
系最基本的特点就是礼法结合。③刘海年、杨一凡则把中华法系的主要
特点归结为四点：①在立法上皇帝具有决定性的作用；②法的形式是诸
法合体，律令格式例并存。以《唐律》为例，主要是一部刑法典，但
同时又规定了有关诉讼的各种制度，属于民法方面的所有制关系和家庭
婚姻等方面的内容，也有系统的规定；③法的内容上，是寓礼于法，礼
法结合；④在司法上，行政与司法混为一体。④郝铁川认为：中华法系
的特点是法典法家化、法官儒家化、民众法律意识鬼神化。⑤何勤华等
认为中华法系的特点：①儒法为主，兼容道释；②出礼入刑，礼刑结
合；③家族本位，中央集权；④天人合一，世俗主义；⑤减轻讼累，审
断有责。⑥徐忠明认为中华法系的根本特征，就是礼法文化与天人合
一。⑦张晋藩提出中华法系的特点是：①以儒家学说为基本指导思想，
但也融合了道释的教义；②出礼入刑，礼刑结合；③家族本位的伦理法
占有重要地位；④立法与司法始终集权于中央，司法与行政合一；⑤民
刑不分诸法合体与民刑有分诸法并用；⑥融合了以汉族为主体的各民族
法律意识与法律原则。⑧2005 年，张晋藩又发表《中华法系特点再议》

① 陈顾远. 中国文化与中国法系［M］. 台北：台北三民书局，1969：139.
② 陈朝璧. 中华法系特点初探［J］. 法学研究，1980（1）.
③ 乔伟. 中华法系的基本特点［J］. 文史哲，1986（2）.
④ 刘海年，杨一凡. 中华法系的形成及其特点［J］. 人民司法，1983（1）.
⑤ 郝铁川. 中华法系研究［M］. 上海：复旦大学出版社，1997.
⑥ 何勤华，孔晶. 新中华法系的诞生？——从三大法系到东亚共同体法［J］. 法学论
坛，2005（4）：44 - 52.
⑦ 徐忠明. 中华法系研究的再思［J］. 南京大学法律评论，1999（1）：97 - 104.
⑧ 张晋藩. 再论中华法系的若干问题［J］. 政法论坛，1984（2）.

一文，认为中华法系的特点是：①农本主义的法律体系；②皇权至上的法制模式；③儒家学说的深刻影响；④引礼入法，法与道德相互支撑；⑤家族法的重要地位；⑥法理情三者的统一；⑦多民族的法律意识与法律成果的融合；⑧重教化慎刑罚的人文关怀。①

以上为大部分主流学者的概括，展现了他们看待问题的不同角度。比如，郝铁川对中华法系的概括：法典法家化、法官儒家化、民众法律意识鬼神化。他第一次从民众法律意识的角度探讨中国传统法律。在中国传统法律的具体特点上学者们还有争议。比如对诸法合体、民刑不分的特点的概括，王立民提出异议，他认为在人类的早期阶段，大多数古代法典都存在诸法合体的情况。他考查了西亚楔形文字法的代表《汉谟拉比法典》、俄罗斯法的代表《罗斯法典》以及欧洲古希腊、罗马时制定的《哥地那法典》和《十二铜表法》等法典，认为它们普遍存在诸法合体的情况。"由上可知，诸法合体在世界古代社会中不为鲜见，绝非仅为中华法系所特有，因此这不能成为中华法系的特点。"②虽然存在诸多争议，但在一些主要问题上学者们仍然达成了不少共识。"如礼法结合、礼法并重是中华法系最突出的特点，儒家思想是中华法系的理论基础，家族主义与亲情伦理在法律上有突出表现，人本主义法律化是展示中华法系文明程度的重要标准等等。"③

三、中华法系的重建是否可能

以 20 世纪为整体考察中华法系的研究进展，可将其分为三个阶段，

---

① 张晋藩. 中华法系特点再议 ［J］. 江西社会科学，2005（8）：47 – 52.
② 王立民. 也论中华法系 ［J］. 华东政法学院学报，2001（5）：3 – 11.
③ 张晋藩. 中华法系研究新论 ［J］. 南京大学学报，2007（1）：111 – 117，124.

而且每一阶段都有特定的时代背景和与之相应的中华法系的研究任务。第一阶段是 20 世纪初，以梁启超为代表，他们的直接诉求是应对民族危机，即从传统法律思想寻找救亡图存最急之事业——立法事业的理论资源，这一理论就是梁启超所概括的法家的"法治主义"，这是中华法系的启蒙阶段。第二阶段是 20 世纪三四十年代，以杨鸿烈、陈顾远等一批民国时期的法学家为代表，这一时期中华法系研究的共同理想，是重构中国本位的法律制度，亦即新中华法系，这一阶段是中华法系研究的高潮阶段。第三阶段是 20 世纪 80 年代以后，以张晋藩为代表，他们的直接诉求是重塑中华法系，他们注重传统法律文化的当代传承，同时又强调法制现代化（也即西方化）。他们致力于在法制现代化中纳入中国传统法律文化资源，也有人说，这在本质上是一种"西体中用"的路数。总之，20 世纪中华法系的研究都充分肯定了中国传统法律文化的价值，并不同程度地提出了重构、重塑中华法系的主张。

但每一种法系的发生、发展都有特定的时代背景，对它的研究也是如此。穗积陈重当初开始法系研究时也是如此。他身处明治维新时代，当时日本天皇政权决定向西方学习，大力推行政治经济改革变法图强，并抛弃对已被认为是落后的中国政治制度的依赖。在法制建设上，日本自然地把目光从中华法系上移开而投向先进的欧美法律制度。穗积陈重正是在这一社会背景下展开了法系的研究。所以，他提出"法系"概念及其理论的初衷，是近代日本人迫切要求脱离中国、走向世界、实现民族救亡图存的愿望在法律研究领域的一种具体表现。

同样，中华法系研究于 20 世纪初在中国的兴起也并非偶然，而是受到了社会环境的强烈影响。这是因为，20 世纪初，中国在政治、经济、文化等各方面已经全方位地落后于西方，中国的有识之士已经强烈地意识到，中国要在世界立足，必须进行改革。他们在向西方学习的同时，也对自身所负载的深厚的精神文化传统进行反思，而对传统法律制度的全面反思，就表现在"中华法系"研究上。20 世纪以来，中国掀起了两次研究中华法系的热潮。一次是在民国时期，一次在 20 世纪 80 年代以后。两次研究都有特定的社会背景。第一次是在中华民族面临民族危难时，为了保国保种保教，文化界一些有识之士掀起了民族救国、文化救国的热潮，他们立足探讨民族本位文化，强调如果民族文化被消弭，民族复兴又何从谈起？他们"对传统怀有强烈的依恋感，并且十分强调文化变动的历史延续性，始终倾向以传统文化为根底或主体的近代文化建设进路，但却并不因此盲目维护传统社会体制。他们不仅能以理性的姿态看待和认可整个社会的近代化趋势，有的还积极投身推翻封建专制和建设现代民主制度的革命实践。即使对所钟爱的传统文化，也不一味偏袒，而是有所反思和批判，其文化观的内涵和关切目标都已显露出一种背离封建的近代文化建设意向。从章太炎到'五四'以后新儒家的文化保守主义，无不具有这样的特点"①。这种文化思潮也体现在法学领域。在法学领域，当时的学术旨趣主要在于通过弘扬传统法文化的优点与长处，增强民族自信心，因而"复兴中华法系"的提法，便成了这一时期的主流。

在此背景下，以杨鸿烈、丁元普、陈顾远等为代表的人士，纷纷提出复兴或重建中华法系的主张，以呼应文化复兴运动。首先，他们充分肯定了中华法系的世界地位。1937 年杨鸿烈在《中国法律对东亚诸国之影响》一文中指出："若以诸法系之历史比较，则中国法系延长数千余年，较最古之埃及、美塞布达米亚等法系之寿命而犹过之，且影响于

---

① 胡逢祥. 社会变革与文化传统——中国近代文化保守主义思潮研究［M］. 上海：上海人民出版社，2000：4.

东亚诸国如朝鲜、日本、琉球、安南、西域者，尤非埃及、美塞布达米亚等之局促一隅者可比，故谓中华法系为世界最大法系之一，谁曰不宜?"① 因此，他希望中华民族珍惜"数千年来我祖宗心血造诣之宝贵财产，不惟不至纷失，且更进一步力采欧美之所长，斟酌损益，创造崭新宏伟之中华法系"②。这样对中华法系的肯认最终便落脚到创造新的中华法系的问题上来。

继杨鸿烈之后，1946 年居正在《为什么要重建中国法系》一书中明确提出了"重建中华法系"的主张以及重建中华法系的四点具体措施：其一，由过去的礼治进入现代的法治，要在新的历史条件下，选择旧礼中有利维护道德人心的内容，加以发扬光大，并与新的法律相融合，使法律更有效地发挥作用。其二，由农业社会进入农工业社会国家，亟待建立市民社会的法律。其三，由家族本位进入民族生活本位。其四，以三民主义为最高指导原则。③这本著作虽然在学理和法理上不及杨鸿烈的著作，但它直接的着眼点便是重建中华法系。

丁元普在 1931 年发表了《中华法系成立之经过及其将来》一文，在此文中，他最早提出了"复兴中华法系的精神"的口号。他运用西方法哲学的原理研究中华法系问题，并且通过与罗马法的比较论证了中华法系之精神："要之，吾中华法系传统之精神，固由于礼刑一致之观念，而其进展之途径，实由宗法而扩大为国法（观刑律服制图及婚姻户役诸篇可见），而我国之刑法，独臻发达，与罗马式之法典，注重于

---

① 杨鸿烈. 中国法律对东亚诸国之影响 [M]. 北京：中国政法大学出版社，1999：4.
② 杨鸿烈. 中国法律对东亚诸国之影响 [M]. 北京：中国政法大学出版社，1999：543.
③ 章开沅，罗福惠，萧怡. 居正文集 [M]. 武汉：华中师范大学出版社，1989：497 - 504.

民法，各有其历史与环境之关系，正不足为诟病也。"①在此，他更从中华法系的实质精神论述，要复兴的也是中华法系的精神而非形式。

民国时期中华法系的研究者们，都有着很强的现实关怀，他们迫切期望通过学术研究促进法律的改革和进化，并进而达到变法图强的目的。因此，他们不但分析中华法系的特质，找出导致中华法系滞后的因素，而且设计了重建中华法系的理论依据和途径，以使其立于当今世界法系之林。

一种理论的兴起，不但是现实之思的反映，同时也需要必要的理论支撑。20 世纪初中华法系研究的理论背景即是 19 世纪在西方颇有影响的历史法学派的法律观。其代表人物萨维尼有一个著名的观点："法律有自身确定的特性，它是一定民族所特有的禀赋，如同其语言、行为方式和基本的社会组织体制。"②

中华法系本身在我们的界定中，已成为一个历史概念。虽然我们不应让它沉睡在历史的坟墓和故纸堆中，但本质上它已成为历史，我们可以从历史中吸收精华为我所用，却不可以还原历史，即使创造历史也是有条件有限度的。我们目前只能依托于现在的法治建设现实，汲取中国传统法治的精华去创造历史，至于重塑后的法律以什么命名，则是另一个问题。所以，重构、重塑中华法系的主张应充分考虑中国目前的法治建设现实，毕竟法系不是创造出来的，它是在历史长河中，在特定的历史条件下形成的。陈顾远特别指出应以批判的眼光看待中华法系："中华法系本为农业社会之产物，依现代眼光观之，当然亦有不适宜于现代生活者在；且因受儒家学说影响甚深，而儒家学说之在今日，仍有待于

①　丁元普. 中华法系成立之经过及其将来 [J] . 现代法学，1931（1）.
②　弗里德里希·卡尔·冯·萨维尼. 论立法与法学的当代使命 [M]. 许章润，译. 北京：中国法制出版社，2001：7.

蜕变更新，遂亦有一部分在今日成为僵石者在。"①

第三节　版权问题重思

一、中国近代版权保护制度文化之源

梁治平教授曾说："法律的理念与实践都是具有特殊意义的文化符号：法律所揭示的，不仅是特定时空中的生活样态，也是特定人群的心灵世界。"② 同时文化是不断传承而延续的，中国的版权保护制度亦是如此，挖掘与梳理我国版权保护制度的文化之源，必将有助于今天的版权制度建设。

（一）中国近代版权保护制度概况

在清末数千年未有之变局的冲击下，经国人的倡导和西方国家的诱导，1910 年 12 月 18 日清政府最终批准颁布了《大清著作权律》。该律共 5 章 55 条，围绕著作者的人身权和财产权，对什么是著作权、著作物的范围、著作权的权利年限、侵权与处罚、取得著作权保护的呈报方法等问题做了详细的规定。该法规定受保护的作品有：文学艺术作品、图画、贴本、照片、雕刻、模型；不保护的有法令约章、文书案牍、时事新闻、公开场合的演讲、各种善会宣讲之劝诫文；以登记注册作为受保护的条件；权利保护期为作者终生加死后 30 年；对于侵权人或共同侵权人，规定了罚金、没收其从事侵权活动使用的工具及印本，并赔偿

---

① 陈顾远. 中国文化与中国法系 [M]. 台北：台北三民书局，1969：204.
② 梁治平. 寻求自然秩序中的和谐 [M]. 北京：中国政法大学出版社，1997.

损失等措施。

中国历史上第一部版权保护法律《大清著作权律》参考日本、德国、比利时等国的著作权法，并在对西班牙、美国、法兰西、英吉利、奥地利、匈牙利等国法律进行比较研究的基础上设计而成，由此证明，中国近代版权法博采日本、欧美的成法已是不争的事实，这种国际文化背景也给读者的版权史观以世界意识的影响。

此律不仅促进了中国近代的法律建设和文化出版业的发展，而且开启了中国出版业与世界近代版权保护接轨的历程，成为其后半个世纪中国著作权法的"蓝本"。虽然这部法律最终未来得及实施，但它却对后来北洋政府和国民党政府的版权立法产生了重大的影响。尽管步履蹒跚，但近代中国的版权保护制度终于因第一部版权法的诞生而初步形成。从此，中国掀开了版权保护史的新篇章。

此后，辛亥革命推翻了旧的王朝，并制定《中华民国临时约法（以下简称《临时约法》)》，《临时约法》的重大意义或许并不在于对袁的限制充分与否，而在于它广泛传播的宪政理念及个体意识在人们内心逐渐滋长的程度。对于个体而言，重要的不仅是该约法规定了中华民国的政体性质、组织原则及该约法的效力和修改程序，而且还在于它明确了人们的权利与义务。《临时约法》第 5 条规定：中华民国公民，除法律规定外，有一切言论、著作、即兴集会、结社、信仰之自由。第 6 条规定：人民有保有财产及营业之自由。正是这两个条款，奠定了之后统一的著作权法的基础。孙中山虽然推翻了旧的王朝，但中华民国并没有建立一个新的秩序结构，按照司法部长伍廷芳在 3 月 21 日呈请大总统的函，包括《大清著作权律》在内的一些民事法律无碍中华民国的运作，可继续有效。①

不久，袁世凯窃取了革命的果实，他在忙于复辟帝制的时候还是于1915 年 11 月 7 日颁布了一部《北洋政府著作权法》。该法基本上是1910 年《大清著作权律》的翻版，二者都在相当大的程度上受到了日本 1899 年著作权法的影响。这反映了晚清时对立宪的根本态度。

（二）西方文化制度的直接影响

"君子重义轻利"是传统文化统治下中国社会的价值取向，这种价值取向决定了传统文人的著书立言主要为了传播知识、光耀门庭，却不是为了营生。正如阶所说，中国古代社会"著作之传，多于身后。有猎名而无牟利，其关系全在乎人格，而不在财产"。这种文化价值取向，不仅使得中国古代文人不能像西方文人那样以著书立言来谋生，而且也使得著作浩如烟海的中国在清末前始终没能建立起近代意义上的版权保护制度。直到近代西方资产阶级价值观念传入后，这种情况才发生了变化。西方资产阶级价值观念首重个人价值的体现和个人利益的实现，在他们看来著作者没有义务无偿为社会传播知识，获取版税、稿酬不仅是应该的，更是必须的。此观念的传入，促使近代中国文人的价值观念从"正其义不谋其利，明其道不计其功"转向"正其义而谋其利，明其道而计其功"。这一转变首先表现在著译者对版税的要求上。

在中国大胆索要版税的第一人当推严复。严复早年留学英国，对西方的版税制度较为熟悉，后又从事编译工作，对版权保护十分重视，并逐渐形成了自己的版权主张。他呼吁政府重视版权保护，既要求尊重著作者的人身权，又要求重视作者的财产权，给予著译者应得的酬劳。严

---

① 《临时政府公报》，第 47 号，转引自张晋藩. 中国法制通史［M］. 北京：法律出版社，2001：1427.

复的这种主张可以从他与张元济的通信中略窥一斑。

从 1896 年起严复开始翻译《原富》，因系多卷本，尚未译完书稿，南洋公学译书院即已约定出版。书稿交接期间，严复与译书院院长张元济的书信往还中多次提到版税问题。1900 年 2 月他在《与张元济书》中初次提及版税支付，尚有些扭捏，不好意思直接提出，后直接提出并得到满足。从中可以看出严复价值取向的变化过程。在前者，严复仍保有传统文人的那种"清高"，不敢直接要求自己的利益，只能做含蓄的表达；但在后者，他已明确地表达了自己要"谋利"。严复的这种转变是在晚清社会环境的影响下形成的。1901 年的中国遭到了帝国主义有史以来最严重的侵略，清王朝大厦将倾，国内经济惨淡，普通文人失去了安身立命的场所，只能另谋生路。然而他们除了摆弄笔杆子，别无所长，为了生存他们不能再顾忌"文章千古事"，只能将著书立言作为生存的手段。严复的版税要求正是社会巨变下的中国文人不再拘泥于传统思想，开始大胆地考虑和要求自身所应得利益的表现。著译者不仅越来越重视自己的"人身权"和"财产权"，大胆地对社会要求版税和稿酬，还要求国家予以保护。严复此举在中国传统社会所引发的震动和影响是极大的，倘若没有近代西方法权思想的影响和新型文人价值观念的转变以及当时版权保护意识的深化，严复之言恐怕是难以启齿，其行也断无结果。

除了严复，中国近代一大批仁人志士的奋斗经历，也生动地刻画了他们为追求出版自由而奋斗不止的志士群像。由于近代中国社会的复杂性决定了中国著作家所处的生态环境的严酷性，当他们著作权意识觉醒的时候，著作家们便根据自己的环境地位和认识，采取不同的抗争手段，以维护著作人个体和著作人群体的合法权益。梁启超、廉泉、张元济、陶保霖的版权思想，秦瑞阶的著作权观念的特点和贡献，都给历史以理论的深度。鲁迅、邹韬奋、柳亚子、李季、林语堂、陈西滢等著作家的维权主张与实践，给历史以生动的具象。上海进步著作家和编辑家郑振铎、叶圣陶、周予同、李石岑、丰子恺等人建立的维护群体版权的同人组织——上海著作人公会，提出了著作的人被资本家剥削完全与体力劳动者同其命运的论断，在理论上与知识分子是工人阶级的一部分的现代意识是一脉相通的，给历史以动态的波澜。近代中国版权史研究的拓荒之作马洪林教授的《中国近代版权史》详细介绍了这一大批有理想、有尊严、有文化的著作家为了争取神圣不可侵犯的出版言论自由，不怕坐牢、不怕杀头、前仆后继、百折不挠的精神。正是他们在西方进步思想的影响下不懈努力，终于迎来了维护著作人和出版家权益的新中国版权法。

（三）中国传统文化的内在根基

中国版权法的产生，无疑受西方文明的直接影响。中西文化的差异，导致中国长期以来没有自主产生版权法，而在西方文化的影响下却实现了版权保护的实质改变。日本学者滋贺秀三的观点也许可以帮助我们对中国与西方法律文化的基础有一个比较和认识："纵观世界历史，可以说欧洲的法文化本身是极具独特性的。而与此相对，持有完全不同且最有对立性的法文化的历史社会似乎就是中国了。这一点大概为大多数人所肯定。在欧洲，主要是以私法作为法的基底和根干；在中国，虽然拥有从古代就相当发达的文明的漫长历史，却始终没有从自己的传统中生长出法的体系来。中国所谓的法，一方面就是刑法，另一方面则是官僚统治机构的组织法，由行政的执行规则以及针对违反规则行为的罚则所构成。"① 这种文化差异，也表现在版权保护上的差别。

有人类学家认为，法属于地方性艺术，是借用地方性知识建构起来的体系，其背景应以历史与文化为支柱。即使版权法作为西方文明的衍生物，最早产生于具有宪政传统的英国，也并不是历史的巧合。如果我们不遵循纯粹法学的进路，把法律界定为自足的规则体系，而坚守一种法律社会学的立场，那么，就不得不承认作为一种文化现象的版权是需要一定语境和条件的。尽管远至宋代，中国就出现了保护文学产品的地方檄文和成例，但是，华夏文明中刑法的治理性质、文人的致仕传统、商人的依附特征都在一定程度上注定了中国版权法的蛰伏性质。在中国，这可以通过探究近代以降版权人的遭遇而窥斑见貌。

虽然《大清著作权律》开启了中国版权保护主体的转移，即从主要保护出版印刷者的权利转移到保护著作者的权利，从而改变了版权史的分期，但是《大清著作权律》没有采用西方国家著作权自动产生的立法观点，而是顽固地采用了注册登记制，并可以对上述作品进行审查、登记、注册，通过这一程序有效地控制一部分著作的出版发行。此后北洋政府和国民党政府为了剥夺人民的言论出版自由，钳制进步文化思想的传播，他们甚至比《大清著作权律》更加变本加厉，增加了许多剥夺作者政治权利、维护其黑暗统治的内容。这些措施的目的都是为了加强对报纸的审查，以防违反中国社会治安的言论流行于世。

此外，尽管中美《通商行船续订条约》中载有版权保护条款，但由于"专为中国人所著"的限制，致使相当部分美国人的书籍在中国得不到保护。事实层面上，盗印现象的盛行致使美国于 1913 年 6 月要求与

---

① 滋贺秀三. 中国法文化的考察——以诉讼的形态为素材［J］. 比较法研究，1998 （3）.

中国建立双边版权保护关系以超越原有的商约版权保护条款。这引起了一些出版商的反对。上海书业商会分别致教育、外交、工商三部门的呈文代表了书业界的普遍观点。版权同盟的目的，乃是保护世界间各国人民互享著作权之利益，其前提乃在于加入版权同盟的各国之间文明文化进步程度大致相当，否则文化落后国家的教育、工商业就会停止。

　　因此，作为一种文化现象的版权，是需要一定的条件的，我们在理解版权现象时，不应仅着眼于法律条文的变化，同时还应当关注与此相关的法律意识。中华民国建制之后，国民党政府继承了《大清著作权律》，并在此基础上加快了知识产权法领域的立法进程，但它始终没有构成人们的法律思维。直至近 20 年来，我国台湾地区进行了全面的改革，这种情况才发生了根本性的转变。它给祖国大陆地区的启示是，版权法并不是自我周延的，而是整个法治事业的一部分，若要从根本上减少侵害版权的现象，必须同时关注版权观念生成的条件。

　　中国传统文化中的诸多因素如君主专制制度、家族本位的宗法观念、士人学而致仕、信而好古传统思想、法律儒家化对于中国古代法的观念产生着相当深刻的影响，也在一定程度上影响了中国近代版权制度的自我生成。中国版权法不完全是西化的产物，变革不是断裂，犹如流淌的水源汇入大海……费孝通先生指出，"和而不同"是人类共同生存的基本条件。①

二、以法文化为视角重思中国古代版权保护的宽容

　　古代中国版权制度形成的技术条件已具备，社会对版权制度的需求也已凸显，但这并没有导致古代中国成为现代版权制度的发源地，甚至

---

① 费孝通．"三级两跳"中的文化思考［J］．读书，2001（4）：3－9．

今天中国已建立的近现代版权制度也很难从古代版权制度中寻找"本土资源",而"外来因素"的主导则是人们所共知的事实,出现这种错位的原因是一个值得进一步探究的问题。法律是社会文化的另一种展现,从文化的视角对法律制度和法律现象进行分析,有助于对法律现象做出更深层且更加合理的阐释,也必将拓展法律工作者和研究者的视野。

（一）理念：贵义轻利

义利观是中国思想史上的一个重要问题。义指社会公义,是体现社会公利的价值准则;利则主要泛指个人私利。在义利关系上,儒家主张重义轻利,呼吁人们追求义,"君子以义为上"。[①] 对于利,虽然可以追求,但必须是有限度的,且必须受义的制约。孔子云："不义而富且贵,于我如浮云","富与贵是人之所欲也,不以其道得之,不处也"。[②] 很明显,孔子对"合义之利"是认可的,对"不义之利"则是否定的。但对于"合义之利",孔子虽然认可,并不倡导,从一定程度上也是有所轻视的,所以孔子才会把逐利的人称为"小人"。孔子认为,"君子喻于义,小人喻于利"[③]。孟子同样是仁义的提倡者,他指出："王何必曰利? 亦有仁义而已矣。"[④] 在荀子那里,义的地位同样是重要的,义的内容也更加丰富。他认为虽然义和利都是人的两种基本需要,但相比较而言,义比利更重要、也更根本,因此,他提出了"先义而后利"[⑤]

---

① 杨伯峻. 论语译注 [M]. 北京：中华书局出版社,1980：190.
② 杨伯峻. 论语译注 [M]. 北京：中华书局出版社,1980：36.
③ 杨伯峻. 论语译注 [M]. 北京：中华书局出版社,1980：39.
④ 孟子. 孟子 [M]. 太原：山西古籍出版社,2003.
⑤ 王森. 荀子白话今译 [M]. 北京：中国书店出版社,1992：28.

"以义制利"① 和"重义轻利"② 三个命题。

先秦儒家在义利观上经过孔子、孟子、荀子三人思想的传承发展，逐步形成了"重义轻利""先义后利"的价值准则，并由此在中国思想史上奠定了道义论的传统，即所谓"君子谋道不谋食，君子忧道不忧贫，小人反是"③。总之，在古人那里，"谋道"是比"谋食"更重要的事情。到汉代时，董仲舒对义利之辨的问题再次陈述："夫仁者正其义不谋其利，明其道不计其功。"④ 宋代程颐对董仲舒的看法大加赞赏，他认为这正是"董子所以度越诸子"之处。其实，整体上看宋明理学家都比较重视"重义轻利"的思想，并且这种思想在后继时代里仍然起了主导作用，可以说，中国长达 2000 多年的封建社会都贯穿着这一价值准则。而这一价值准则又内化为中国法律传统的价值导向，并在现实生活中影响着中国人的行为和法律观念。

传统儒家思想在中国古代一直起着支配作用，而儒家对商业是轻视的，士农工商的序列可以明显说明这一点。而士则是以学为基础的"学而优则仕"。儒家对商业的轻视培育了一种理念：真正的学者为启迪教化和道德接续而创作，非为利而作。"藏之名山，传之其人"是古人的崇高境界。隋唐时出现了"润笔"一词。《隋书·郑译传》记载："译因奉筋上寿。上令内史令李德林立作诏书。高颖戏谓译曰'笔干'。译答曰'出为方岳，杖策言归，不得一钱，何以润笔。'"这是文献中最早出现"润笔"一词，它类似今天的稿酬。即便如此，在浓郁的儒家思想的渗透下，在大多数文人的心目中，写书撰文仍主要是为了抒情达

---

① 王森. 荀子白话今译 [M]. 北京：中国书店出版社，1992：213.
② 王森. 荀子白话今译 [M]. 北京：中国书店出版社，1992：305.
③ 杨伯峻. 论语译注 [M]. 北京：中华书局出版社，1980：168.
④ 班固. 汉书·董种舒传 [M]. 北京：中华书局出版社，1962：2521.

意，表达自己的思想和主张，宣传自己的学说和观点，借此在社会上立言，垂名青史。经济收入并非其立言的主要目的。大多数人在理论上仍然赞同并践行米芾"书画勿论价，士不为财役"的观点。

另外，由于儒家思想在社会中占据主导地位，重教化、尊先贤成为世人的价值准则。著书"立言"的最高目标就是在尊文化先贤的前提下来传播儒家思想和道德。正确理解并发扬文化先贤的文化遗产是有识之士的社会责任，重教化、轻利欲一直以来都是社会正统思想。直至明清，科举取士也以儒家经典为主要考试内容，所以整个中国古代社会都必然受儒家重义轻利思想的影响。浸润在这种文化背景中的知识分子多对以文换钱、卖文为生的行为嗤之以鼻，而以传播知识和弘扬道德为己任。因此，作者一般并不介意自己的作品被抄袭和盗印，他们反而认为这是对自己思想的欣赏，也是自己对社会文化的贡献，自己的作品能够为别人换来财富也是值得高兴的事情。在中国传统文化中，每一个读书人都以作出文化上的贡献为无上的骄傲，他们所从事的社会教化和文化传扬活动也被社会视作义行和善举。社会也普遍认为，文学非为作者一己所专有，文人著述是作者在立言，他追求的是青史留名，并最终获得为后世所效法的最高尊崇。在这种文化氛围下，社会不太可能也不需要滋生作者版权保护的思想观念，当然官府也不需要推行版权保护措施。①

在这样的土壤中、在这种思想的指导下，古人不会恶意抄袭、剽窃别人的作品，更不存在通过抄袭、剽窃等手段牟利的情况。相反，他们对自己的作品被仿制普遍采取了一种宽容甚至接受的态度，因为这种仿制既证明了被仿作品的质量，也证明了创作者的大度与雅量。所以，在

①　桂天寅. 版权制度缺失与明清小说繁荣［J］. 新学术，2007（4）：35－37，56.

这种情况下，社会不需要强制的版权规范去约束人们的行为。

今天，著书写作撰文这类脑力劳动应和做工耕田等体力劳动一样可以得到相应的报酬，甚至可能获得更高的报酬，这大概不会令人质疑。这种报酬，今天称之为"稿费"或"稿酬"，人们发表文章、出版书籍应获得一定的报酬被认为是理所当然的。甚至，今天对一部分人来说，稿费已成为其维持生活的必要来源。一些作者会对发表文章、出版书籍不付稿酬的单位行使拒绝权。因为，今天人们著书立说已不再是简单的满足精神需求，大多数情况下还要靠其养家糊口，稿酬甚至成了家庭收入的主要来源，社会的评价体系也简单地以论文、著作等的数量来衡量。这迫使一部分人绞尽脑汁去编造文章，自然也避免不了仿造别人的作品。所以，今天我们在强化著作权立法的同时，是否也应该提倡一下传统的著书立说的文化，放松一下人们的紧张神经，鼓励更多人能够平心静气、耐得住寂寞，创作一些高质量的能传之后人的东西。

（二）文化传承：述古而知新

文化是需要传承的，这是人们的共识，但文化如何传承则是可以讨论的。我国古代的知识分子表达了这样一种观念，即对经典的重复甚至摹写并不是不尊重经典，相反这恰恰表现了对古人知识成果的了解与认可，也是对创造这种知识成果的人的敬重。他们内心坚信，文化的传承必须依靠历史的沉淀、依靠传统。孔子在《论语》中形象地表述了对过去知识的尊重："述而不作，信而好古，窃比于我老彭。"在中国古诗词创作中，还存在一种普遍使用的技法，谓之"点化"，即将前人诗词中的语句用词消化理解后转化为自己的语言重新写出，或者对其稍加变通，甚至直接拿来插入自己的作品，并且不需要像今天这样标明引文出处等。中国传统文化正是在这种反复借用的过程中传承下来的。所以，在中国复制他人作品并不像在西方那样要受到强烈质疑和谴责，从某种程度上说，它还是很受赞赏和鼓励的行为。

今天有人认为这种述古的创作方式缺乏独创性，这也是他们主张加强版权保护的原因所在。而版权保护的重点即独创性的强调。那么述古的方式是否就缺乏独创性呢？笔者认为不然。这种历史叙述的方式并非历史的简单还原，也不是对历史事件的简单重构，而是"对能够自己说话的史料进行编纂"，而自己说的话正是独创性之所在。正如孔子本人对先圣的重述以及诗歌和其他文学形式大量采用经典中的比喻和引证那样，这种历史研究的方式绝不意味着缺乏独创性。普利布兰克说著作的典型模式是"许多摘录的拼凑，通常是摘引自其他历史学家的资料，但在其他方面没有改动，附以明显独立的个人评论或论断"。就孔子而言，他删《诗》《书》，定礼、乐，赞《周易》，修《春秋》等文化活动，也是对古代文化典籍编辑和整理，他的活动是"述"而非"作"，但正是这种"述"的工作才得以为后人保存下来许多重要文献资料，这些文献经过他的弟子们整理、发挥，进一步丰富了中国古代文化典籍文献。可以说，在中国古代文化的继承和传播方面，孔子和他的弟子们的贡献之大，在古代哲学家中也是无可比拟的。孔子和他的弟子们整理解释过的"六经"，又经过历代封建学者的注释、发挥，成了封建王朝规定的教材，所有封建时代的知识分子，几乎没有不读"六经"的。孔子这些所谓"述而不作"的文化产品最终还是成了中华文化的经典！

考之历史，怀古可以述新；今天，述他人同样可以自新。如果不是恶意抄袭，而是用心对他人资料进行选择与编排，同样可以出新。况且，对他人资料的选择与编排一样需要鉴别能力。如果全部用他人资料，梳理出新的问题，有何不可？所以，今天人们大可不必对摘抄过于紧张，当然恶意剽窃另当别论。

（三）公权与私权保护的不平衡性

中国传统文化中权利意识淡薄，也缺乏市民身份的文化熏陶，因此，民法在中国古代远没有刑法那么发达。对个体权利特别是财产权利的强调，被认为是与传统道德所倡导的"礼""义"观相悖的。"礼"是我国文化史中最重要的概念之一，它的核心内涵是等级有序、"等差""中和"等，它们都反映着儒家所期望达到的一种理想社会状态即平衡、稳定与和谐。"义"字可以用来简单概括这种文化的基本立场，我国古代的道德标准、价值准则大都建立在"义"的基础上 。同时，取"义"则意味着对于"私"的否弃。当然，取"义"并不能完全消除人们的私欲，但至少它告诉人们"私"是不可取的，也是不合理的。中国古代的所有制度都渗透了这种取义弃私的精神，也因此将和私有关的活动、事物以及社会关系有效地限制在了一个较低的水平上。

对私利的排斥导致古人对"讼"的活动是持反对立场的，因为道义的内涵及要求与"无讼"的价值取向之间是一致的，它们之间有着内在的逻辑联系。对道义的偏爱与追求必然产生对争讼的排斥与厌恶，在古人看来，"无讼"正是实现"义"的很好的体现。相反，"好讼"则是"好利"与利己的表现，它必然导致社会不安定因素的存在，所以为大多数人所不齿，也为他们尽量拒绝。从官吏的角度看，他们对诉讼也是持排斥态度的。在具体的司法实践中，他们会使用诸如感化、拖延、拒绝甚至设置"教唆词讼"罪等各种方式迫使争执的当事人打消诉讼的念头，转而寻求其他方式解决问题。当然这样做的前提条件是，社会大众普遍具有通过教化而形成的宽容大度、不计个人私利、谦和忍让的胸怀，自觉与他人保持团结、和睦、协调的人际关系。因此，"无讼"在实质上已成为古代官方与士人阶层和社会大众的一种理想，也是中国法律传统的价值导向，按徐忠明先生的说法这是中国古代的

"文化大传统"①。

中国古代对个人物质财产权利的限制，同样适用于知识财产。正如有的学者所言："吾国著作权发达甚早，惟保护思想之意多，保护财产之意少。故向来学者著作，往往以刊刻之资，丐助亲朋。而有力者刊印遗书，几视为慈善事业之一种。"② 在这样的文化土壤中，很难产生对"知识财产"的独立性认同，对其加以私权保护的意识也不会强烈，出现知识产权制度的可能性自然渺茫。当然中国古代并非完全没有对于知识产权特别是版权的保护，只是从形式上看，这种保护一般是以政府发布榜文、牒文等形式告知社会成员，其规范的层次是较低的，无法与规范八议、十恶等成文律例相提并论，其强制力也是非常有限的。但即便这种保护没有刑杀那样强大的威慑力，这些有限的形式同样体现了对智力劳动者的尊重，对保护、传承我国历史文化遗产也起了重要的作用，作为国家管理的一个方面仍是不可缺少的。与此同时，在中国古代著书者、刻印者和读书者中也有了一定的权利自我保护意识，比如出现于书籍上的牌记和印记中警告翻刻、翻印的文字告白。这与官府发布的公据、榜文、牒文等形式一样，都是中国古代有著作权法律文化的体现，只是私人印记的牌记等属于自我保护措施，而政府发布的公据、榜文、牒文等则是公力救济之结果。但总体上说，中国古代对知识产权的保护层次是较低的，强制力上也很有限。

（四）现代启示

中国古代对版权保护的缺乏与今天版权的扩张形成了鲜明的对比。今天版权保护的期限不断被延长、权利客体不断被扩大。过分强劲的知

---

① 徐忠明. 从明清小说看中国人的诉讼观念［J］. 中山大学学报（社会科学版），1996（4）：54－61.

② 转引自韩锡铎. 我国古代版权观念述略（下）［J］. 出版工作，1987（8）.

识产权保护的弊端已充分凸显。这与现代意义上的知识产权法自诞生伊始就设定的宗旨——以保护为重心、保护与限制并存——已相去甚远。大多数所谓权利人只关心自己眼前的财产利益，对他人、对文化传承等的社会责任根本不予考虑，整日充斥于耳的是某某对某某的指责或控告其侵犯知识产权。今天的人们是否应冷静下来思考，个体应对社会承担怎样的责任。特别是近年来，互联网技术的发展使得网络版权的纠纷与争议不断涌现，传统著作权法的保护内容与保护方法不断受到挑战，版权滥用问题、合理使用问题等都需要我们重新审视。

1. 版权滥用

版权滥用是一个舶来词。近年来国外版权滥用的相关理论和判例不断被学者引介到我国，版权滥用这一术语逐渐为国内学者和司法工作者所接受。同时，我国《反垄断法》和 2008 年出台的《国家知识产权战略纲要》中也都使用了"知识产权滥用"的说法，这和"版权滥用"正可呼应。所谓"版权滥用"是指版权人违背版权法的正当目的，超越法律所允许的范围或正当的界限，不公平、不合理地行使版权，构成对版权法、反不正当竞争法及反垄断法等法律的违反，从而损害他人和社会公共利益的行为。[①]

版权滥用首先在美国的司法判例中被确立，但在司法实践中它只能作为一项被控侵权的抗辩事由而存在，用来作为对付原告申请禁令救济或利润清偿的救济手段时的一种应对。被控侵权人不能据此独立进行起诉。版权滥用作为对抗别人侵权诉讼的一面抗辩盾牌逐渐被普遍接受，但版权滥用的可诉性真的不可逾越吗？

改革开放以来，我国版权制度逐步确立，也经历了作者权利缺失到

---

① 参见徐义刚. 论版权滥用及其法律规制［D］. 合肥：安徽大学，2007.

矫枉过正的误区这一过程。这促使我们不得不回到事物的源头：版权制度的初衷。版权制度的宗旨在于在充分尊重作者权益的同时，维护作者利益与社会公众利益的平衡，并最终实现社会科技和文化的繁荣发展。而目前我国的版权滥用，特别是网络环境下的版权滥用，使得利益的天平过分地倾向于作者及相关版权人而忽视了社会的公共利益，距离版权制度的初衷也越来越远。因此学者和社会公众不得不重新重视和反思版权平衡的理念、版权制度的社会性这些版权制度的宏大问题。

如何合理规制版权滥用，是当前版权制度发展面临的新挑战。笔者认为，冲破被动抗辩的藩篱，赋予版权滥用可诉性，使社会公众可依权利人滥用版权而主动提起控诉，严厉打击权利人滥用版权的嚣张气焰，不失为规制版权滥用的新出路。

2. 合理使用问题

我国《著作权法》第四节——权利的限制部分规定了合理使用制度。合理使用在传统意义上更倾向于一种静态的存在，即版权人在享有版权法所赋予的专有权利的同时必须负有不得随意干预他人合理使用的义务。行为人在被诉侵犯版权时，可以以合理使用为由提出抗辩。所以，目前在司法实践中合理使用只能在个案中适用于被告的抗辩。但从理论上看，义务对应着权利，版权人不得干预他人合理使用的义务，对应的即是社会公众的权利。作为著作权法的一项制度，合理使用同样遵循版权制度的宗旨，即维护作者及相关版权人的利益与社会公众利益的平衡，并促进社会文化的繁荣发展。所以合理使用也应该作为社会公众的一项正当权利而存在，而不仅仅是对作者及相关版权人权利的限制。

在网络环境下传统版权制度原有的利益平衡机制受到严重冲击，重塑版权利益的平衡原则，注重版权人利益与社会公众利益的平衡，是新时期下我国版权制度发展的必然选择。让版权滥用具备可诉性，使合理使用"权利化"，二者双管齐下，为规制网络环境下日益猖獗的版权滥用现象提供了有效路径。

法律文化作为一种文化形式，是人类历史发展过程中的一个文化积累过程，它是历史的延续，不是一代人或几代人所创造的精神财富，是人类在自身进化发展过程中不断形成并丰富、繁荣的产物。所以，即使中国古代没有出现现代意义的著作权制度，但研究著作权法律的演变与发展同样不应与中国古代所具有的著作权保护形式断然割裂开来。我们应从丰富的传统法律文化知识宝库中汲取营养，以资完善今天的著作权法。

第四节　法律移植与法治认同

法治认同是现代性发展的必然结果和内在要求，也只有在现代性视域下才能真正解决法治认同问题。在现代性语境下，思想的启蒙和解放带来个体自我意识的觉醒，工业化和资本主义的发展使得全球化和风险社会加速来临。与此同时，民族国家的力量正在悄然形成，知识的丰富性与专业性越发显现，社会批判理论由此内生并不断发展完善，同时现代性自身又是一个复杂的矛盾体……在现代性视域下，法治认同问题变得异常凸显。对法治认同的重构必须以人为本，在社会主体的全面参与下自主稳步推进，在实践中化解法治冲突的前提下，以批判与创建为主要手段，建构起自己独特的法治文化，树立人们对中国法治文化的自觉与自信。

一、中国法治认同问题的凸显及重构

真正管用而有效的法律，不是铭刻在大理石上，也不是铭刻在铜表上，而是铭刻在公民的心里。法治认同要解决的问题就是让法律走进公民的心里，成为社会公众内心认可、尊重、信仰的一个有机组成部分。

（一）问题之提出：现代性与法治认同的勾连

现代性是一个多视角演变的复杂概念。思想的启蒙和解放带来个体自我意识的觉醒，工业化和资本主义的发展使得全球化和风险社会加速来临。与此同时，民族国家的力量正在悄然形成，知识的丰富性与专业性越发显现，社会批判理论由此内生并不断发展完善。

现代性不但是一个复杂的系统，它自身也常常是一个矛盾体。一方面它带来个体自我意识的觉醒，同时又需要新的社会治理体系；另一方面，它带来了全球化和统一化，同时民族国家的力量也在变得强大，各式新型的多元化不断兴起；它使各类知识更加丰富和专业，同时现代专业知识总体上又直接导致现代性的不稳定且失控的特征。从某种意义上看，现代性意味着象征与它所指的东西的分离，现代性在制造着丰富的自我、知识体系、民族国家等各式多样性、多元化时，也在制造着各种疑惑和混乱。正是在这种疑惑和混乱中，个体或群体的自我归属、价值评判等问题就产生了，而这正是关于认同的问题。

从人与社会的关系看，现代性打破了传统观念、体制对人的束缚，使个体获得解放。但任何自由都是有限度的，在新的社会体制下，社会需要一种新的约束机制来管理社会，使社会有序运行，从无强制力的思想观念角度来看，它是理性；从强制约束力的角度来看，它是法治。所以，现代性与法治紧密相联，又相互塑造。法治是现代性发展的必然结果和内在要求，现代性社会的出场需要法治来维系；反过来，也只有在现代性语境中，人类才能建立真正的法治国家。但同时现代性自身的复杂性、矛盾性也自然带入了法治领域，产生了法治领域的疑惑和混乱，由此导致法治认同问题的出现。所以，法治认同同样是现代性发展的必然结果和内在要求，也只有在现代性视域下才能真正解决法治认同问题。

"认同"（identity）是由西方哲学发展至认知心理学和社会心理学的新近研究领域。对认同问题的回答可以追溯至哲学中关于人的自我同一性问题，即回答"我是谁""我们是谁"等问题。"所谓认同，无非就是某个群体或个体达到自身的同一性的过程。"① 细分起来，"它有两种不同但相关的意思：①一个人使他自己支持某人/某物，或使自己与某人/某物联系起来；②一个人把自己看作是共享着另一个人的品质特征的"②。不难发现，"认同"的两层意思有递进关系：一是主体认可、支持某物或某人；二是在此基础上主体共享某物或某人的品质特征，使自身也成为它的一部分，从而达到自我同一性。从认同的结果来看，它带来的已不是个人或群体的一种简单的心理状态，还是一种具有凝聚力和引导性的精神力量。涂尔干就认为，认同是一种称为"集体意识"的东西，是将一个共同体中不同的个人团结起来的内在凝聚力。③ 所以，认同不但是一种主观意识，还是一种集体所向的主观意识；认同不仅是一种静观的心理状态，还是一种动态的历史进程。

---

① 韩震.全球化时代的文化认同与国家认同［M］.北京：北京师范大学出版社，2013：序言.

② 江畅.核心价值观的合理性与道义性社会认同［J］.中国社会科学，2018（4）：4-23，204.

③ 参见埃米尔·涂尔干.社会分工论［M］.渠东，译.北京：生活·读书·新知三联书店，2000：42.

法治认同（Legal Identity）当然也属于法治意识范畴，它是社会共同体成员对该共同体中正在运行和即将运行的法律规则和法律制度是否符合社会生活事实和社会价值理念所持的一种肯定性评价，是主体对法治精神的追求和对法治理念的尊崇。

法治意识不是抽象的、孤立的，根据马克思主义社会意识与社会存在的辩证关系，法治意识与法治实践是相互促进的。法治建设是基础，法治建设的成效最终决定公众对法治认同的程度；反过来，法治认同是公众对法治建设实践成效的承认与认可，是一种具有积极作用的法治意识，公众对法治的认同又能积极促进法治建设的发展。或者说，法治认同也是法治国家建设的题中应有之义。"法治认同是公众对法治建设客观历史进程的一种主观心理感受与判断。"① 当代中国法治认同的发展主要源自改革开放以来丰富多彩的法治建设实践。

自人类进入文明社会后，无论是中国还是西方，在长期的法治建设实践中，法治认同问题始终存在，在正常的社会变迁过程中，这一问题并不突出，甚至没有专门讨论的必要。但在现代性语境下，在社会大变革时代，我们的法治建设虽然取得了丰硕成果，但本土法治观念已受到外来价值观的严重冲击，法治秩序与法律问题层出不穷，法治认同问题变得异常突出，甚至成为今后我国法治建设不可回避的现实问题。

改革开放初期，我们做了大量普法教育工作，这为社会公众知法、懂法、守法的确起到了积极作用。但法治宣传和教育距离法治文化认同还有很长的路要走，它只是法治认同的第一步，在知法、懂法的基础上崇尚法治、信仰法治才是法治认同的终极目的。当社会公众对法治认同

---

① 陈佑武，李步云. 当代中国法治认同的内涵、价值及其养成 [J]. 广州大学学报（社会科学版），2017（9）：16-21.

后，公众不但自身懂法、守法，还会积极参与法治建设，为法治进步积极贡献自己的力量。

（二）现代性视域下中国法治认同问题的凸显

1. 个体解放与法治认同

就个体而言，现代性的一个突出表现是个体自我意识的觉醒。在传统社会，个体通常是在群体参照下存在的，这个群体可以是家庭、家族、宗族等，唯独缺少独立存在的自我，缺乏以个体存在为基础的个人、主体、权利等观念。所以在这个意义上说，我并不知道"我是谁"。

进入现代社会，以追求个体自由为标志的时代意识，使依靠外在框架理解自我的方式遭遇严峻挑战。随着封建人身依附关系的解体和宗教、形而上学等对人们思想意识束缚的衰微，个体日益把追求自由和富有个性化的生活作为人生理想。这样，多样化个体和多元文化也随之出现。在这种文化背景下，人们可以尽情地展现自我，塑造自我；但面对如此复杂的情况，人们又会反思，在多样化的社会，我究竟是谁，我属于哪里？所以，文化认同又成为一个必须思考并做出选择的重要课题。在此情境之下，我们能否建构一种有效机制以便容纳人们身份和文化的多样性以及归属的多重性，就成为一个十分现实而又紧迫的问题。

现代性的形成和发展，客观上又形成了一个自我矛盾。在人身依附关系下，在人的主体性力量未得到充分展现时，社会靠地缘或血缘就可维系人际关系的运转并形成稳定的社会秩序。现代性打碎了笼罩于小型社群和传统之上的保护框架，现在这个外在的约束机制或权威消失了，在人的主体性力量得到充分肯定的今天，人们必须编织一套新的东西来保证社会秩序的稳定，法治就应势登场了。这里反映的也是现代性本身固有的矛盾：个体的人与公共的人的差异和矛盾，或者说个体与群体、个体与社会等的矛盾。"伴随着大众传媒（尤其是电子传媒）的发展进步，个体的自我发展与社会体系（乃至全球体系）之间的相互渗透正变得日益显著……就许多方面而言，当今的世界是一个单一的世界，它拥有集中统一的经验规则（例如有关时空的基本坐标）；但与此同时，这个世界也在制造着各种新型的分散与多元。""现代性制造着差异、排外与边缘化。现代制度在保持解放的可能性之外，还同时制造着自我压抑而非自我实现的机制。""现代制度的统一性特征与其分散性特征均为现代性（尤其是极盛现代性）的核心。"①

随着改革开放的深入，中国经济、政治体制的转型，"中国人开始以个人而不是以家族为单位来认同自我，这种认同不再以关系或身份来考量自我，而是以平等的主体来看待自我"②。但在社会层面，在文化领域，现代性的一路狂飙，已使丰富多彩甚至泥沙俱下的法治文化展现在社会公众面前。特别是我国法治建设时间短、任务重，既要处理与传统法治文化的接续问题，也要迎接西方法治文化的强势来袭。在法治文化的多元冲击下，如何认识我们自身独特的法治观念并找到自己的法治归属感，已成为新时代中国法治认同迫在眉睫要解决的问题。

现代性的一路高歌，使我国法治文化出现多样性展示的同时，也呈现断裂性改变。中国传统法治文化变迁缓慢，法治习俗、法治规则和法治观念继承性强。现代性虽然是一种后传统的社会秩序，然而在这种秩序下，一些传统、习俗、习惯等秩序保证机制依惯性仍会强劲地存在着，在观念上短期内并不会被理性知识的必然性所替代。现代社会经济、政治、文化的迅速发展，使原来稳固的社会系统转变为流动性社

---

① 安东尼·吉登斯. 现代性与自我认同——晚期现代中的自我与社会 [M]. 夏璐，译. 北京：中国人民大学出版社，2016：4，5，25.
② 王曼倩. 法治文化认同：人的革新与寻根 [J]. 法学论坛，2019（1）：67–75.

会，法治规则和法治观念的继承性减弱。不断变化的现代社会迫使人们思考，新时代我们应该选择和创造什么样的法治文化、法治观念来统领整个社会，从而使自己获得稳定感和归属感。"现代性意味着象征与它所指的东西的分离。符码、范式、语义学这些文化观念正是现代认同的产物。"① 因此，我们不能再被动、消极地依赖自然、传统和家族，而必须在符号和意义上做出自己的选择。②

2. 全球化与法治认同

在前现代社会，时间和空间只是通过具体位置的情境性而联结在一起，社会制度也只在有限的本土情境中发生发展。但进入现代社会，具体位置的中介作用被大大弱化，甚至常常是可有可无的。现代社会组织意味着，在物理层面上彼此分开的许多人类行动也可被精确地协调。时空分离对由现代性引入人类社会事务中所产生的巨大动能的基础性意义越发凸显。社会制度的脱域机制使得社会制度和社会关系开始摆脱本土情境而在无限的时空轨迹中再次形成。③ 这就是全球化的过程。全球化当然也是现代性的一个部分，它是现代性的一个重要面向，是现代性的集中体现。全球化既是一个客观必然的历史进程，也是人作为社会主体自觉营造的过程。

从某种程度上说，全球化是人类走向一体化的过程。全球化是人类社会生活跨越国家和地区界限，各国经济、政治、文化走向一体化的过程。我们切实感受到了全球性经济、政治、文化交往为全球带来的巨大

---

① 乔纳森·弗里德曼. 文化认同与全球性过程 [M]. 郭建如，译. 北京：商务印书馆，2003：217.
② 参见韩震. 全球化时代的文化认同与国家认同 [M]. 北京：北京师范大学出版社，2013：8 - 9.
③ 参见安东尼·吉登斯. 现代性与自我认同——晚期现代中的自我与社会 [M]. 夏璐，译. 北京：中国人民大学出版社，2016：16 - 17.

变革力量。当代民族主义思想家埃里克·霍布斯鲍姆曾断言:"未来的世界史绝不可能是'民族'和'民族国家'的历史……在未来的历史中,我们将看到民族国家和族群语言团体,如何在新兴的超民族主义重建全球的过程中,被淘汰或整合到跨国的世界体系中。"①

但全球化果真是单向的一体化进程吗?为何在全球化迅猛发展的今天,民族分裂与民族分离主义也在强势展现?尤其在今天西方强势话语体系下,所谓的全球化还有走向被西方强力控制和蚕食的趋势。全球化进程绝非单纯的一体化进程,同时也是差异性、多元性力量的展现过程。全球化是当代人所面对的重要生存境遇,也是重要挑战,人类正面临各种前所未有的新型危险形式,进入各种新型可能性都会发生的"风险社会"。"全球化社会关系的发展,既有可能削弱与民族国家(或者是国家)相关的民族感情的某些方面,也有可能增强更为地方化的民族主义情绪。"② 在理论层面,对全球化的研究也体现在两个具有辩证特征的向度:一种是基于资本主义的世界体系理论,它认为资本主义就是一种世界性经济而非民族国家的内部经济,全球化就是资本不断向世界渗透和扩张的经济秩序;另一种是基于民族国家的国际关系研究,它不同于强烈关注经济影响的世界体系理论,认为权力的政治和军事集中、民族国家和民族国家体系的兴起也是全球化发展的另一个重要面向。

任何一种全球化的理论和实践都必定负载着某种价值和文化,传导着某种信念和信仰。在全球化浪潮的推进过程中,各民族、国家的文化交流空前频繁,联系日益密切,不同民族的文化通过相互交流、相互整

---

① 埃里克·霍布斯鲍姆. 民族与民族主义 [M]. 李金梅,译. 上海:上海人民出版社,2006:183.
② 安东尼·吉登斯. 现代性的后果 [M]. 田禾,译. 南京:译林出版社,2011:57.

合，其文化共性逐渐增强，并在共性中谋求共识与合作，呈现出一种全球互动的文化态势，某种超越民族性的世界文化开始生成。但这种统一性绝不意味着文化民族性、独立性的消失，而是在多样性、差异性中寻求统一和共识，即超越了统一性与差异性，呈现共生、共存、和谐共处的统一，也即包含多样性、差异性的统一。与此同时，各民族、国家的文化认同体系在交流合作中也相互博弈。在普遍理性文化的强势传播背景下，文化的民族性、多样性与文化霸权的张力越发凸显，彼此也受到了前所未有的冲击和挑战，文化认同问题日益凸显，并成为全球化进程中一个无法回避的重大问题。"当社会关系横向延伸并成为全球化过程的一部分时，我们又看到地方自治与地区文化认同性的压力日益增强的势头。"① 可以说，在某种意义上，正是全球化加剧了认同问题的凸显。

　　改革开放以来，中国也逐步融入世界一体化、全球化浪潮中。作为发展中国家，面对西方文化的霸权主义与强势文化输出，中国处于弱势地位，大量承载西方价值观念的东西输入中国，对中国文化认同建设敲响了警钟，已成为中华民族亟待解决的重大问题。

　　法治文化当然是文化的一部分，在全球化背景下审视中国的法治文化认同问题同样形势严峻。西方打着民主、自由旗帜的法治观念，在新中国初步建立起完备的社会主义法律体系情况下强势进入中国，这种新鲜感和表面的煽动性对社会公众的法治观念形成了极大的冲击。少数不明所以的社会公众开始不加辨别地为西方的法治观念大唱赞歌，而对我们自己的法治观念大加鞭挞。甚至一些专业的法律从业者和法律研究者也开始为其树碑立传，这更从根本上动摇社会主义法治观念的根基。所以，在全球化背景下，不同法治观念的碰撞和冲突，自然引发法治文化

---

① 安东尼·吉登斯. 现代性的后果 [M]. 田禾，译. 南京：译林出版社，2011：57.

的认同问题。

党的十八大以来，全面推进依法治国战略的实施，中国的法治在各条战线上都取得了丰硕的成果，法治建设成效卓著。但这对中国法治建设的道路而言，也仅仅是一个良好的开端，法律的权威和对法治的认同还有待提高。前路漫漫，接下来我们需要花大力气、下大功夫让法治建设的成效深入人心，法治建设和法治认同两手都要抓，或者说，法治认同就是当下中国法治建设的题中应有之义，且是重要一环。新时代全面推进依法治国，必须从法律制度层面深入法治精神内核，从法治体系构建升华到法治文化认同，使法治文化成为内化在人民群众心目中、熔铸到人民群众头脑中、固化在人民群众行为中的强大观念，真正成为一种社会生活方式和行为习惯。

3. 社会批判理论与法治认同

除了从个体解放、全球化的社会发展角度理解现代性，现代性自身还是一个复杂的理论体系，起源于法兰克福学派的社会批判理论是其重要组成部分。法兰克福学派批判理论历经近百年发展，虽然自身在不断修正并被修正，但批判理论的基本构想始终存在："只有合理的社会制度才能促进社会成员的幸福，只有依赖社会成员的批判性实践，该制度才能实现。"① 根据这一构想，有效的批判理论要满足两个条件：①前提是要有合理的社会制度；②即使是合理的社会制度，也不是一成不变的，更不代表它是完美的，它必须经得起社会成员批判性实践的检验，并在批判性实践中不断被修正和完善。第一个条件是对规范的界定，第二个条件是对批判性实践的解释，二者相互依赖，不可分割。批判理论

---

① 周爱民. 内在批判与规范的矛盾：对批判理论批判方法的反思 [J]. 哲学分析，2019 (3)：81 – 93, 198.

总是试图在社会的实践中，找寻通向合理社会的潜能。如果对合理社会的界定与辩护无法落实在现实的社会实践中，那么这种界定与辩护便会滑向纯粹的应当，便会成为具有纯粹义务论色彩的道德哲学；反过来，如果理论仅专注于解释社会实践，忽视实践背后具有批判作用的规范的揭示与辩护，则可能滑向纯粹的实证主义。当社会中的批判性实践被视作各种习惯、偏见的产物时，它并不蕴含朝向合理社会的潜能，在实证主义的社会理论传统中，从涂尔干到布迪厄均证明了这一点。

中国在短期内主要靠移植西方法律的方法创建了相对完备的法律体系，法律制度的理论根基薄弱，更没有经过充分的理论思辨和论争，其制度的优劣也没有充分展现出来，在实践中的运用更是混乱一些。不要说社会公众对法律制度陌生、不解，就是司法工作者也常常会疑惑。可想而知，在理论未充分发展且未得到实践检验的情况下，法治要得到社会认同是何等难事。

（三）构建开放包容的新时代中国特色社会主义法治观

法治认同是实践与意识的统一，它具有实践性、现实性、动态性、批判性。基于此，对法治认同的重构必须在实践中化解法治冲突的前提下，以批判与创建为主要手段，建构起自己独特的法治文化，树立人们对中国法治文化的自觉与自信。

1. 以人为本，保障人民群众的自由和权利是实现法治认同的根基

法治精神是法治的灵魂，没有精神的法治，犹如没有灵魂的人体，再刚性的法条也难免沦为摆设。法治认同之所以能够且必须成为全民认同，在根本上也是因为只有法治才能保障人民群众的自由和权利。保障人民群众的自由和权利就是法治的精神和灵魂。自由和权利是法治的核心内容，法治的终极关怀是实现人的自由和谐与全面发展。要解决法治认同的问题，同样需要从"人"着手，以人为本，解决人的问题，接

续"人"在制度上与观念上的断裂，实现人的自我同一性。

新时代中国的法治建设必须始终坚持人民主体的地位，人民才是我国依法治国方略的主体和力量源泉，我们的法治建设必须始终坚持为了人民、依靠人民、造福人民、保护人民的大方向，以保障人民群众的根本权益为出发点和立足点，保证人民依法享有广泛的自由和权利。

五四前后，中国在救亡图存的被动处境和感召下，一些有识之士开始自觉引入西方的民主法治观念，希望以此救国。虽然西方的民主法治并未使中国走上独立、民主、富强的道路，但这一时期对西方民主法治观念的介绍研究，的确如给长期封闭的国门打开了一扇窗户，使国人呼吸到了一股清新的空气，也给中国以后的法治建设与发展注入了一股新鲜血液，并在事实上形成了一波法治发展的浪潮。党的十五大提出建设社会主义法治国家，这再一次掀起了中国法治建设的浪潮，中国也从整体意义上走上了法治的轨道。但这两波大的法治浪潮有一个共同点：国家主导、学者推动，重在制度建设。党的十八大提出全面建设社会主义法治国家的国家战略，自此中国若进一步推动法治的全面发展，除国家和少数学者推动的制度建设以外，发展真正被社会公众认同的法治文化已经势在必行。在这一过程中社会公众不再是被动了解接受遵守中国的法律制度，而是以主体的姿态自主参与到中国的法治发展中，为中国的法治发展建言献策。一方面使我们的法律制度"人化"，而人在参与的过程中，在改造发展法治的同时也改变自己对法律的认知，即"化人"。"法治文化认同即是民众以法治所尊崇的价值来安排引导自身的生存发展，在法治文化实践中实现自我同一性的过程。同时，这个过程本身又是人在创造法治文化的过程。因此，要实现法治文化认同，离不开人的主体性。"①

2. 法治认同需要在社会主体的全面参与下自主稳步推进

法治认同是一定主体的主观选择,是自主构建的,而不是自发的、自然而然形成的。中国自汉以后盛行的儒家思想,同样肇始于汉武帝强力推行、董仲舒自主构建的"罢黜百家,独尊儒术"。以自由主义思想著称的西方社会,对思想观念同样是有意引导的,并非完全放任自流。西方近现代主流的价值观念也是通过一系列思想文化运动甚至是资产阶级革命,才得以逐步形成和确立。② 今天,现代化进程和理性主义所产生的理想化的生活形态和生存方式使认同成为人们自觉的需要。

面对新时代中国法治认同问题的凸显,我们不能坐以待毙,无论党和政府,还是法律工作者、社会公众都应该积极行动起来,在时代课题前自觉成为组织者、参与者和实施者。

(1) 国家战略推进

从政策层面看,中国的法治认同是在党和政府领导下逐步推进的。我国于 1997 年在党的十五大上确立了"依法治国,建设社会主义法治国家"的方略。此时法治认同问题还是以内蕴的方式存在。党的十八届四中全会通过的《中共中央关于全面推进依法治国若干重大问题的决定》首次提出要"弘扬社会主义法治精神,建设社会主义法治文化","法律的权威源自人民的内心拥护和真诚信仰",这是从战略层面明确提出了当代中国的法治认同问题。习近平总书记在党的十九大报告中再次提出:"全面推进依法治国需要全社会共同参与,需要全社会法治观念增强,必须在全社会弘扬社会主义法治精神,建设社会主义法治

---

① 王曼倩. 法治文化认同: 人的革新与寻根 [J]. 法学论坛, 2019 (1): 67 –75.
② 参见江畅. 核心价值观的合理性与道义性社会认同 [J]. 中国社会科学, 2018 (4): 4 –23, 204.

文化。"① 这不但继续凸显新时代解决法治认同问题的紧迫性、必要性，同时也指出了解决问题的根本出路——全社会共同参与。今后在法治文化建设中，党和政府应继续起到引领作用，以强大的感召力和领导力循序渐进推进中国的法治文化建设。

（2）立法、司法、法治研究的跟进

立法认同危机与立法协商的推进。法律制度的构建是创建现代法治国家的关键因素，良好的法律制度是创建社会主义法治、实现社会公正的前提。立法是法律适用的前提，科学立法是制定的法律取得良好社会效果的前提保障。只有法律本身是科学的、值得被信任的，才能激起社会大众主动将法律规范作为自己行动准则的愿望，法治认同才能真正落到实处。也就是说，恶法非法，法律本身必须是"良法"。无论对"良法"做出怎样的定义，都应该满足一个基本的前提，即"良法"必须适应社会，能够促进社会的发展。"良法"应该具有"真、善、美"的本质特征。② 而要有这样的良法，立法必须经过充分的理论论证、批判的理论交锋，还要有广泛的社会调查。

中国的法治进程是在国家政策主导下迅速推进的，在较短的时间里就建立起形式完备的法治制度，如此短时间内的法律体系构建当然是中国法治发展道路上的一大成绩。但也正因为短时间的构建，客观上难以避免理论论证的不充分、社会调查的缺乏所带来的法律体系的内在问题。有少数法律就可能出现脱离社会现实、盲目套用他国条文，甚至同一部法律内部法律条文不一致或不同法律部门条文矛盾的状况。客观出现的恶法状况，不论法律执行者还是社会公众都会出现不理解、不积极

---

① 习近平. 加快建设社会主义法治国家 [J]. 求是，2015（1）：1.
② 参见李步云，赵迅. 什么是良法 [J]. 法学研究，2005（6）：125–135.

配合甚至抗拒的情况。这样的立法自然难以在社会公众中形成有效的认同。

在我国高速发展的法治建设过程中，大多数人是被决策推动转换为法治国家中的公民，但他们并没有因为身份转变而形成相应的法治观念，所以即使是制定良好的法律，社会公众甚至法律从业专业人士也未必能在短期内把丰富的法治理念渗透于心，更不要说处于法治观念更为淡薄的偏远地区的民众了，这就由此导致人在法律制度与法治观念认同上产生了一定的断裂。

中国高速立法的背后，潜存着国家和社会公众追求现代化、法治社会、民族复兴的伟大理想与使命。面对这一宏大的历史使命，不可否认，中国立法的主要实现形式就是法律移植。虽然从 20 世纪初到今天，中国已在实现现代化、建立法治社会、实现民族伟大复兴的道路上大踏步前进，中国的立法也始终关切着与本民族法律文化的融合，但在这一过程中，中国的立法始终没有脱离法律移植的主要渠道。但凡是法律移植终究都逃不过外来法律文本与本土社会生活事实、正当性追求与法律移植实效、立法制度与法治秩序等的抵牾问题。法律移植中存在的这些问题很大程度上是社会公众对移植法律的了解、接受、认同问题。

法律体系自身是动态发展的，不是静止不变的。特别在我国政治、经济、文化急剧发展变化的现代化、全球化视域下，我们的法律体系也要跟上时代的发展，否则就失去了有效维持社会秩序的力量。原本新颖、复杂的法律体系再加上社会的复杂多变性，使得社会公众对法律的认知又增加了认同的难度。

近代以来传统代议制民主观的问题逐渐显现，比如代表是否能代表民意问题等。针对这些问题，哈贝马斯提出了协商民主理论。他认为："国家的存在理由首先并不在于它对主观权利的平等保护，而在于对一种包容性的意见形成和意志形成过程提供保障，在这个过程中，自由和平等的公民们就哪些目标和规范是以所有人的利益为基础的这种问题达成理解。"① 哈贝马斯在这里为如何使政治行为公正提供了一条协商的路径。近年来，商谈或协商理论，成为中外学者普遍关注的一种新型民主理论，它也是民主发展到一定程度出现的一种新型民主模式。在协商民主中，行动者通过对话、讨论、商谈、沟通、妥协等方式有序参与民主政治生活。

党的十八届三中全会强调："推进协商民主广泛多层制度化发展。协商民主是我国社会主义民主政治的特有形式和独特优势，是党的群众路线在政治领域的重要体现。在党的领导下，以经济社会发展重大问题和涉及群众切身利益的实际问题为内容，在全社会开展广泛协商，坚持协商于决策之前和决策实施之中……深入开展立法协商、行动协商、民主协商、参政协商、社会协商。"在这里首次专门明确提出深入开展立法协商的重要问题，以推进科学立法、民主立法。在立法协商中，通过全社会的广泛参与，使社会公众更大程度上了解立法的过程，也更深入理解法律的内涵，因此立法协商也是达至法治文化认同的最有效路径之一。

司法认同危机及司法协商的推进。法律制度最终要通过司法机关的司法行为来实现，社会公众正是通过司法行为才与法律制度直接接触，司法人员的表现也可以为公众直接感知，其行为是否公正直接影响社会公众对法治观的认同。如果司法主体有不公正的表现，公众更容易相信自己的直观感知，并把这种不公传递至对法治的彻底否定，法治观的认

---

① 哈贝马斯. 在事实与规范之间——关于法律和民主法治国的商谈理论 [M]. 童世骏，译. 北京：生活·读书·新知三联书店，2003：333.

同更加举步维艰。因此，司法主体更应该成为践行法治观的典型和楷模。

　　当然，司法行为不公正的问题不仅仅是司法主体的个人品质问题，归根到底这是司法体制问题。我国司法模式接近大陆法系，采用法官主导的模式，在程序上对抗双方缺少充分的思辨争论，更缺少社会公众的广泛参与，法律文书学理性阐述也不充分，使得论辩双方和社会公众对法治缺少更深层的了解，难以形成有效的法治认同。

　　根据法律商谈理论，现行法律如果仅仅依靠其强制性的一面而获得社会认同是具有很大局限性的。哈贝马斯认为，对任何问题的处理都不应是独断的，而是可以商议的，只有经过商谈的法律和法治才能获得更广泛的社会认同，也才是有效的法律。司法主体在解决司法案件时同样可引入法律商谈模式，使案件在相关司法共同体内完成，而不是司法主体单方面对法律和案件的独断性解读。"这种反思的交往形式，就是要求每个参与者采纳每个其他人之视角的论辩实践。"① "所有可能的相关者都能够作为自由和平等的人参加一种合作的真理追求过程，在这个过程中发挥作用的应该只是更好论据的强制力量。"② 法律商谈程序的引入，使规范解读由主客体间性向主体间性转化。

　　哈贝马斯进一步强调政治行为程序化的重要性，司法协商也一定要在程序法的框架内进行，通过司法主体、当事人及其他案件相关者平等而理性地实际参与，针对案件事实、案件证据、法律适用、法律责任划分等进行多角度论辩和商议，将相关理由和依据纳入法律裁判之中，以

---

① 哈贝马斯. 在事实与规范之间——关于法律和民主法治国的商谈理论 [M]. 童世骏，译. 北京：生活·读书·新知三联书店，2003：274.

② [德] 哈贝马斯. 在事实与规范之间——关于法律和民主法治国的商谈理论 [M]. 童世骏，译. 北京：生活·读书·新知三联书店，2003：580.

解决司法裁判的合理性、合法性、正当性和社会认同问题。司法协商不同于当下流行的对抗式诉讼模式，其根本特点在于：司法活动的各方参与者在交往理性的指引下，通往交流协商以及合作寻求真理并达成共识，并最终解决现存的司法纠纷。在这一司法过程中，司法主体既要遵从合理的程序，又要使当事人实现其合法权利，它是程序规则建制和实体内容合理论辩的交织过程，社会公众可以由此更深刻地理解法律，期待法律得到自愿、自觉执行，并培养出理性的、自觉的守法者。

　　一方面司法的独立性决定了它不应该也不能为民意所左右，另一方面司法的专业性也决定了它不能完全由民意所制约。但是，这并不意味着在具体的司法活动与司法实践中，司法主体可以枉顾民意。"应提高司法判决的可接受性，因为司法过程不是一个单纯从事实出发，机械依据法律逻辑就能得出唯一正确结论的自动售货机，判决必须能够被当事人和公众所尊重和信赖，否则，不仅不会对社会和谐起到促进作用，反而可能会成为新的社会冲突的爆发点。"① 若司法判决距离社会公众的普遍认知和法治观念甚远，将会严重影响社会公众对立法或司法、法治观念的认同。比如 2007 年许霆盗窃金融机构案的一审判决判处行为人盗窃罪并判无期徒刑。本案从形式正义的角度看一审法院的判决并没有问题。但是，本案的量刑无论在理论界还是实务界都被认为对行为人的量刑有过重嫌疑，由此也在社会上引起极大反响。"遗憾的是，巨大的震撼力带给我们的不是对法律肃然起敬，而是蜂起的争论和质疑。"② 因此，司法机关办案时，特别在遇到疑难案件时，应广泛听取来自社会公众的声音，虽不是刻意迎合，但社会公众的认知能力和法治观念不可

① 世界法律大会. 法院判决应满足公众正常期待［EB/OL］. 2006 – 08 – 09.
② 法律要神圣不要神经［N］. 南方周末，2007 – 12 – 20.

忽略，更不能置之不理，相反，为了体现司法判决的民主性和可接受性，司法主体还应从社会民意中寻求合理的答案，社会公众往往对其看法得到司法机关的关注和认可具有强烈的愿望。当前我国大力提倡构建法治社会与和谐社会，这不但需要社会公众积极主动地去遵守现行的法律规范，也需要社会公众从情感上和法理上理解和接受司法判决，唯有如此，法治社会的建立才有坚实的群众基础。

3. 正确处理时代之法与传统法文化、外来法文化的关系

法治认同作为一种观念、一种思想意识，也是法文化的一部分。文化发展的复杂性、连续性告诉我们一个基本的事实：任何个体和群体都不可能完全脱离旧有文化生长出一个全新的自我。所谓的文化激进主义者身上也都有文化保守主义者的影子。同样，现时代的法文化离不开传统文化的奠基和培育以及对外来法文化的借鉴和吸收。如何处理时代之法与传统法文化、外来法文化的断裂与勾连，就成为解决新时代法治认同的一个重要问题。

中国传统文化的主流是儒家文化，主张人治，法治思想相对缺乏，且其核心思想与当下的法治理念正相抵牾。要突破传统文化根深蒂固的影响，实现法治文化的普遍认同，存在一定难度。中国传统文化中的等级特权观念、人治观念在一定程度上阻碍了新时代中国法治文化的认同。但今天我们对传统文化的认识不应仅停留在一个层面的单一认识上，而应该有全面、理性、辩证的分析和认识。儒家思想的确强调德主刑辅、礼主法辅，但"先秦儒家虽然凸显德治、礼治的作用，但并不是否定刑罚在治国理政中的功能，这集中体现在孔子主张'齐之以刑'、孟子倡导'明其政刑'和荀子讲求'明德慎罚'上。先秦儒家法治思想对后世产生了深远的影响，这既表现为《礼记》把'礼乐刑政'看作治国理政的核心和总纲，提出'礼不下庶人，刑不上大夫'和

'制五刑''行四诛'的治道，还表现为董仲舒阐明了德本刑末的治国理念，也表现为汉代之后历代统治者一定程度上奉行明德慎罚、德主刑辅的治国之道"①。今天在我们大力倡导法治观念的当下，更应该大力倡导传统文化中的法治观念，摒弃不合时宜的人治、等级特权观念，所谓"取其精华、去其糟粕"即是如此。

中国传统文化也并非儒家一家，虽然儒家思想是主流，但法家、道家、墨家等思想中也包含丰富的法治思想，法家主张"缘法而治"，荀子主张"法者，治之端也"，中国历朝历代统治者也重视法律的制定和作用，这些都为法律权威的树立提供了历史基础。

中国传统法文化中的丰富资源有待挖掘，将传统法文化与新时代的法文化相结合，促进中国特色法治文化的创建，形成中国符合时代特色的法治文化，才能使民众理解和接纳，更容易使法治文化自觉内化为人的行为实践，以最终实现法治文化的普遍认同。

不可否认，对中国而言，新时代的法治观念是舶来品，是19世纪随着西方思想的传播逐步引进并被中国接纳的。中国在短短三十多年里建立起的相对完善的法律体系，除了有关政党、国体、政体等内容，其余大部分移植自西方，与西方法律制度有很大的趋同性。在长期的发展过程中，如何处理本土法治文化与外来法治文化的关系就成为一个迫切需要解决的问题，特别在全球化的今天这一问题更加凸显，对外来文化的借鉴吸收会面临更复杂的认同问题。

在全球化背景下，法律文化呈现出全球普遍性与民族特殊性的共在。一方面，全球各民族国家在法律领域的交流与互动中，联系越来越

---

① 涂可国. 政治儒学的一个重要向度：先秦儒家的法治思想［J］. 当代儒学，2019（15）：84 – 110.

紧密，法律文化的共识也越来越多，这是法律文化普遍性的呈现；另一方面，各民族国家由于自身的文化传统、自身发展的特点，又有自己独具特色的法律文化，这是本民族法律文化的特殊性的呈现。二者是共性与个性、普遍性与特殊性的辩证统一关系，它们共同推进世界法律文明的发展。因而，立足于普遍性与特殊性的辩证关系，科学地处理世界普遍性法律文化与民族法律文化的关系，是建构中国法律文化认同的重要途径。具体来说，一方面，在法律文化全球化的趋势中，世界性共识法律文化正在形成与发展中，中国的法律发展应积极融入这一趋势，加强与各国的法律文化交流与沟通，在更多层面达成共识；另一方面，面对西方的文化霸权，要谨防所谓的世界性共识法律文化被异化为西方法律文化，这是西方文化霸权主义的变种，是对各民族独特法律文化的弱化和侵蚀，也是对真正的世界共识性法律文化的破坏。世界共识性法律文化和本民族独特的法律文化并非是矛盾的，更不是非此即彼的关系，各民族法律文化既是独立的，同时也是世界共识性法律文化的有机组成部分。因此，只有拨开被西方国家异化的世界性共识文化的迷雾，厘清其本真含义，并保持中国民族法律文化的独立性，增强其法律文化认同与法律文化自觉，化解中国法律文化的认同危机，消解中国民族法律文化困境，才能突破中国民族法律文化发展的困境，这也是当前中国法律文化建设的重要任务。

4. 接受社会批判是法治进步永不衰竭的动力

理论在本质上是批判的和革命的，它就是要不停地追问，从多方面提出质疑和挑战，构造新的可能性。我们的法律制度和法学理论就是要接受来自内外的批判和洗礼，这样的理论才给我们的认知发展、思想进步提供永不衰竭的动力。这种批判既可以是理论派别内部的相互交锋，以揭示该理论的内在冲突及其困境，也为其演变和发展提供潜在的空间；也可以是理论派别外部持有不同理论观点的人，根据自己的认知或对实践的观察，去反驳该理论的主要论题或论证方式。

历史与实践经验证明，文化的进化发展逻辑纵向上离不开对传统的反思与批判，横向上也离不开对同步发展的其他文化的批判借鉴与吸收，并在此基础上进行创建与升华。换句话说，批判是为了创建，创建是以批判为基础的，二者是辩证统一的关系。马克思主义的文化理论，是一种实践的文化理论，也是一种批判的文化理论，中国法治文化的认同重构必然以马克思主义文化理论为基准与内核。

当然，这里的批判是理性的、建构性的批判，任何单纯打击、挖苦甚至以破坏为目的的批判我们都是坚决反对的。在我国法治建设的长途中，时刻欢迎致力于中国法治完善、有理有据、提出建构性意见的批判。

除了接受理论批判，中国的法治理论与法治观念还应该接受批判性实践的检验。如果没有接受批判性实践的检验，再美的制度也只是空中楼阁，不可能从根本上得到社会公众的认同。也只有接受了批判性实践的检验的法治理论与法治观念，才能在检验的过程中，不断丰富、修正、完善并实现自我超越，也才能逐步从理论走向实践并最终走进社会公众的心里。因此，在全球化的文化逻辑中，只有综合运用批判的武器与武器的批判，才能达到中国法治文化高度认同的目标。

自党的十八大以来，习近平总书记在多个场合谈到文化自信的问题，他特别指出："我们要坚持道路自信、理论自信、制度自信，最根本的还有一个文化自信。"文化自信是一个民族、一个国家以及一个政党对自身文化价值的充分肯定和积极践行，并对其文化的生命力持有的坚定信心。这里的文化自信同样有理论与实践两个面向，也即理论上的充分肯定与实践上的积极践行。在实践中，不论是面对传统文化还是外来文化，我们都不会选择绝对肯定、全盘接受或者绝对否定、一概排斥，我们一定会有选择地借鉴吸收。也就是说，在理论层面，对待中国传统文化，文化自信绝不等于不加鉴别、全方面接受；对待外来文化，文化自信也不是盲目自大、一概排外。在实践层面，经过我们择优选择的所谓良好文化，也并非不得批评，它还要接受社会公众的实践检验，在实践中不断丰富、修正与完善，并最终形成符合时代发展的、独特而又多元的、深入人心的、具有中国特色的文化。敢于接受批判才是制度自信的充分彰显。

二、法学研究常识化与法治认同

（一）提出问题

法学同其他社会科学一样，自十一届三中全会以后获得了显著成就。一方面，这与党和国家全面推进依法治国的方略的顶层设计紧密配合；另一方面，官方与学界之所以着力推进法治文化建设与研究，与当前法治文化认同之缺失及由此引发的法治困境与问题的现状不无关系。同时我们应深刻自省，这种成就与经济的发展一样主要表现在量的增长上，缺少具有"自主知识产权"的成果，鲜有对中国法学与法治自主性的贡献。①同时，在教义学的统领下，法学知识中原有的概念、理论体系在不断地被翻版、革新。针对层出不穷的各种理论问题，正在形成名目繁多的理论阵营和派别，主观说、客观说，形式论、实质论等充斥在法学知识的各个角落。尤其一些专家们会经常性地筑起一道道由专业术语、概念和仪式所组成的防线以保护其专业知识的独特性，法学知识

---

① 参见陈金钊．魅力法治的苦恋——法治理论及其思维方式研究［M］．上海：上海三联书店，2015：2.

体系也越来越专业化、精细化，事实上在法学知识与社会公众的认知之间筑起一道鸿沟，法治的学理认同更是难以企及。从一定意义上看，当代中国的法治认同，就是认同主体从学理向政治的扩展。"对法治的学理认同，是在法律职业群体内部进行的，形成的是法律职业群体的内部认同；当法律人内部的认同为党和国家接受并作为党治国理政的重要手段时，就会形成执政党的法治认同；当政治系统通过意识形态将法治认同推向社会，所形成的法治认同就是具有普遍性的民众认同。"① 可以说，法治的学理认同是中国法治认同的基础或前提。

法学研究常识化并非、至少主要并不在于法学语言通俗化，或者使法学知识能完全被社会公众所了解和掌握，也并非非专业化，而是理论目标导向和现实问题导向应始终捆绑在一起，核心是其关注的问题应该贴近社会公众的日常生活，以此对社会公众起到理性引导的作用，从而使法学研究在法学专业知识与社会公众的法治认同间架起沟通的桥梁，这也是法学公众认同的回归，即法学在指导立法和司法实践的过程中所起的作用、所取得的效果方面得到社会公众的认同。

（二）法学研究的现实化回归

目前轰轰烈烈的学术研究、层出不穷的学术成果背后，我们不得不深层次反思，学术研究的终极目的到底是为了什么？是为了构建别出心裁的理论体系，还是创作著作等作品，抑或获得某个领域的权威认知……也许这是学术研究的一部分，但绝对不是最重要的部分。

学术研究的终极目的不在远方而在人的脚下，学术研究就是要追寻人的日常生活的伟大意义和价值。学问应始终与人的生活相统一，这是学术研究之基本德行。对于学术研究而言，理论体系的构建仅仅是学术

---

① 赵子尧. 法治中国建设的认同聚合［J］. 甘肃社会科学, 2019 (4)：216－222.

研究成果的一种呈现方式，而不是它的全部，学术研究最终是对人类生活的澄明，它会理性地告诉人们采取何种方式来面对自己的生活和自己的世界。"学术研究要帮助人获得清醒的理性和良好的智力，为人们提供更好的生活样态。"① 古典学术研究同样从人的生活出发，关注人的精神、灵魂，如何获得真理、正义等。柏拉图的《理想国》就是出于对美好生活的向往，理性地辨明了一种值得过的正义的生活。亚里士多德的学术研究同样围绕生活智慧进行，旨在追求有德性的幸福生活。斯多葛学派的哲学家更是认为，学术研究的目的就在于发现生活的意义和价值。对这些先贤们而言，失去了对生活关注的学术研究，是研究走向堕落的开始。

学术研究虽然来源于生活，要面向生活，但不应被现实所蒙蔽。"在苏格拉底看来，学者的灵魂始终应向上攀爬，学术研究要高于现实，而不是伏地前行。"② 学术研究追求的生活应该是严肃的、审慎的、理性的、开放的，也应该是经过理性指引的，应避免教条主义的束缚和乌托邦式的不切实际。学术研究不能缺少崇高精神的指引。"学术研究失却了伟大价值和崇高精神的关涉，精神就走向了种种虚无和相对，追求真知会成为一种戏谑，显得那么堂吉诃德般的可笑。"③ 在崇高精神的指引下，学术研究成了一种超越性行为，它体现了学者对现实生活的凝练、批判和升华，也内含对自我的批判与克服。学术研究目标的实现就是一个不断地批判与超越的过程。从某种程度上说，自我批判是学术研究的德行与前提，理性认识自己的局限和偏见并努力克服它，是学术进展的重要前提。苏格拉底这位古希腊最伟大的先哲，他的最大优势就

---

① 曹永国. 论学术研究作为精神性的自我观照［J］. 学术界，2019（11）：101–107.
② 曹永国. 论学术研究作为精神性的自我观照［J］. 学术界，2019（11）：101–107.
③ 曹永国. 论学术研究作为精神性的自我观照［J］. 学术界，2019（11）：101–107.

是承认自我之不足和局限。所以，寻求真知与超越偏见是一个有机统一的过程。

法律是社会的法律，法律始终在社会的框架之中运行。法律如果与社会现实有较大出入，甚至背离社会的本质，就不能很好地发挥作用。所以，法律应该与社会的本质和社会的发展状况保持一致。法学研究是依附于法律的，既然法律是社会的法律，法学研究者就必须首先能判断社会的本质、社会的现状及其发展方向，并清楚一个良善的、运行良好的社会应当具备哪些价值，在此基础上，再来考虑法律制度究竟如何建构的问题。特别是对于法学这种应用型学科而言，学术研究如果失却了对法治精神的追求，仅仅变成对法条"保护""禁止"等内容的注脚，这就解构了法治精神的根基，促进了精神的粗鄙，也在客观上形塑了一种恶劣的学术话语和学术认同。从这个角度说，学术研究是对非理想生活的解蔽。在多数情况下，虽然学术作品的影响力有限，但只要学人朝着良善社会的目标努力、改进，良善社会的种子终究会在社会的土壤中扎根、发芽。2015年陆勇的仿制药案就让我们看到了希望。作为法律学人不得不反思，社会公众认为他的行为是一种英雄式的行为，为何刑法会将这样的行为评价为犯罪？社会公众为何认为从法律出发得出的结论是不公正的？我们先前的理解是否存在问题，是否有必要对相应法条做出新的解释？如果通过合理解释法条依然无法得出公正的结论，是否立法出了问题，应当考虑推动立法的变革？当时学界一批法学研究的学者就这个案件开研讨会，撰写学术论文，虽然并没有多少社会回响，但2018年，以陆勇案件为原型的电影《我不是药神》公开上映，仿制药的问题一下受到全社会的关注。紧接着，2019年《药品管理法》做出重大立法修改，将仿制药从假药的范围中予以排除，很多患者家庭得以摆脱要么等死要么倾家荡产的困局。当一个社会问题以通俗的方式被大众理解，从而得以将相应的呼声放大，或许就能获得改变的契机，学者的努力自然也有了效果。所以，只要各方共同努力，一切皆有改变的可能。

改革开放 40 多年来，中国哲学社会科学获得了长足的发展。但今天我们更应该从引进、借鉴、吸收的模式下，努力构建学术研究的中国话语体系，更大程度上"从学术研究的'无我'状态中解放出来，不断地强化中国学术和中国学者的主体性，以强烈的创新意识和批判精神捕捉、提炼和探索时代性的重大问题，为中国学者'立时代之潮头，发思想之先声'"①。作为法学研究者这个学术共同体，更要"以求真务实的精神面向中国与世界的现实，以阐幽发微的态度面向古今中外的'文本'，以批判反思的自觉面向学术探索的'自我'，实事求是地研究全部理论问题和现实问题"②。

（三）法学研究由专业化向常识化的知识转型

进入现代社会以来，知识的专业化愈加明显。从某种角度说，专业知识的积累和丰富能给人带来好的生活以及人的自由和解放，也能增进社会中的自由和民主。但近代以来，科学主义的突飞猛进，使得科学主义和人文主义一度形成了对峙的局面，这在客观上强调了知识与智慧的区别，忽视了它们的联系。从广义认识论的角度看，认识运动是由认识世界与认识自己两个部分共同组成的，前者更强调对世界的客观认识，后者更注重人的内在修养，必须将这两部分统一起来，并且相互配合、相互促进，在认识的辩证运动中把知识转化为智慧，才能达到对智慧的

---

① 孙正聿.立时代之潮头，发思想之先声——学者是人格化的学术［N］.北京日报，2019 – 12 – 02（16）.
② 孙正聿.立时代之潮头，发思想之先声——学者是人格化的学术［N］.北京日报，2019 – 12 – 02（16）.

真正把握。① 所以，知识与智慧在本质上是统一的，不是对立的；但二者又不是并行发展的，有知识不一定有智慧，必须对知识进行合理加工才能使其转化为智慧。或者说，对于知识论学者而言，知识是认识的初级阶段，而智慧才是认识发展的高级阶段，"智慧"承载着人类最高的认知价值，也是个人可以达到的最高认知成就。

由于人首要的也是最广泛的活动领域是日常生活，人们常常将智慧指向生活智慧。生活智慧的最大特点在于：关注如何使人生活得更好。在这个意义上，可以确定智慧的认知过程：其首要主题是"生活"，或者说，"生活"是智慧的源泉，从而推导出"生活得更好"是智慧的认知目的。由此，符合"生活得更好"这一主要目的的认知结果，就能够得到智慧性的背书，并反过来提供智慧所需要的特殊价值。法学知识同样离不开让人"生活得更好"的主旨，而要无限接近这一目的，法学知识的专业化必须向常识化转型，因为只有常识化的法学知识才能更靠近人的日常生活，才能更好地服务于人，使人的生活变得更好，也只有这样的法学知识才能从根本上得到社会公众的认同。

理论作为一种知识体系，无论它自身多么完整、逻辑自洽，都不代表它是完美的。任何一种理论都必须接受社会的批判性实践的检验。一种理论在构建之初必须面向社会，然后才能在社会的批判性实践中，努力寻找通向合理社会的潜能。理论知识走向社会实践并接受社会实践的检验和批判并在此基础上修正、完善自己的过程，就是知识由专业化走向常识化的过程，也是知识走向公众认同的过程。

理论知识应该具有能把简单问题复杂化和把复杂问题简单化的双重功效。只有把简单问题复杂化，才能把问题思考得更全面、更深刻、更

---

① 参见冯契. 智慧说三篇［M］. 上海：华东师范大学出版社，2016：10.

理性，才能想普通人不能想，也才能最终更合理地解决问题。把复杂问题简单化，才能从抽象的理论中提炼出解决实际问题的可行路径，这是知识走向常识化的、为公众认同的必要路径。

知识的专业化是现代性发展的必然结果，而现代性的反身性特征又使得现代性在新知识的洗礼下不断迅速地改变、修正着自身，所以知识的专业化一定程度上又会导致现代性的不稳定且失控的状态。法律知识的专业化同样遵循着这样的规律。法律知识的专业化需要对问题做出清晰的界定，而进一步清晰的界定又进一步催生出更加专业的知识体系，如此循环往复，法律知识所处理的问题反而变得日益狭窄，且易于制造出未曾预见且难以掌控的后果。这时法律专业知识就如同一个同心圆，圆越小，其外延越大，可能性越多。专家们则可能通过坚定地专注于狭窄的某一领域来推进其专业工作，从而忽略了更广范围的后果和意义。知识一旦"成为专业话语的对象，由此形成的专家文化与对这些领域的日常理解越来越分裂，进而产生了一种文化荒芜的现象"①。所以，专业知识并不创造稳定的归纳领域，而内在不断修正、不断发展且不稳定的理论体系和层出不穷的新事件则是其延伸部分不可避免的后果。

即使知识本身是自洽的、圆融的，普通大众对于专业知识及其抽象体系的信任，通常并不基于对知识的充分了解，也不是基于对专家自身的信赖，而是与这种信任相关的社会化问题。犹如对孩子教授科学的过程，传授给孩子的东西不仅是技术发现的具体内容，更重要的是培育出更一般的社会态度，它预示着对所有技术知识的尊重，在这里知识本身被认为是不容置疑的。只有当一个人置身于此科学知识领域中相当长一

---

① 刘利霞. 社会批判理论对后现代主义的两种态度——以哈贝马斯与维尔默为例 [J]. 马克思主义与现实，2019 (6): 124-131.

段时间以后，他才有可能知道那些足以引起他怀疑的问题，也才可能充分意识到科学中所有被宣布为知识的东西也有出错的可能性。对科学知识的尊重通常与对其所持有的实用态度并存。在现代性条件下，对抽象体系的信任态度通常总是与日常行动的延续性相关联，并且在很大程度上被日常生活自身的环境所强化。①

法学知识体系日渐庞杂，如果再缺乏与社会、与日常生活的勾连，极有可能造成表象上知识供给富余但内在却智慧彰显不足的客观化"知识陷阱"。

相较于专业化、精细化、体系化的法学知识体系，公众的法律常识也是知识。只是因为它难登大雅之堂，既不能登上立法、司法的舞台，又难以成为学术杂志的座上宾，所以常常被视为是粗鄙的知识。习惯法虽然在理论上是我们法律的正式渊源，但客观上在我国法律体系中的尴尬地位就是有力的例证，目前它也只能被视为例外的知识。但从知识发生的进路看，法律知识不就是生活、习俗的规则化体现吗？"中外各种版本的理论叙说都在诠释着规则来源于生活这一基本定律。但缘何从生活经验中提炼、抽象出的法律规则，却在今天以一种背叛的方式挑战着常识性的生活经验？"② 所以，今天在面对日渐陌生的法学知识时，我们是否应该反思，让法学知识回归生活、回归常识呢？特别在面对复杂案件需要我们求助更复杂的法学理论时，以常识为媒介理解法学知识和法律规范并不是消解法学概念和突破法律的专业性和规范性，而是更有助于辨明法律用语的边界和法治精神的内涵。法学脱离常识表面上看显

---

① 参见安东尼·吉登斯. 现代性的后果 [M]. 田禾，译. 南京：译林出版社，2011：77 – 79.

② 石聚航. "去熟悉化"与"去常识化"之间：刑法学知识转型的反思 [J]. 环球法律评论，2014（1）：104 – 117.

得法学理论比较繁荣，但客观上必然使共识越来越少，共识少了，解决实务问题的能力自然越来越弱。因为面对一个具体的案件，无论有多少种理论，我们只能选择一个相对来说更合适的理论。所以建构理解的、沟通的法学知识体系，沟通事实与规范之间的鸿沟，平复公众认同的偏差，应是法学知识转型的关键和目标所在。

在法学知识体系中，通过一系列建构的法律概念，人们在某个共同体中获得了一定程度的社会认同和法律的保护。但即便在法治化程度再高的社会，也很少有人按法律的设置预先规划自己的每一步行动。真实的生活是人们基于常识自由自在、自主进行的。事实与规范的博弈永远警醒我们，精密构建的法律规范、法学知识体系永远需要向常识妥协。所以，真正的法治认同潜藏于社会生活中，潜藏于人们的常识观念里，而不在华丽的法律概念中。

（四）构建常识化的法学理论体系

法学研究常识化并不反对法学理论体系的建构。法学从本质上来说是法律科学，所谓科学是对事物的本质以及发展规律的探索和认识，是具有严谨的逻辑性和系统性、普遍性和规范性的概念发展体系。① 同时，作为一种知识体系，法学应有自己的系统理论构建。所以法学不是关于常识经验的知识体系，也不是对法条的简单注解，更不是关于日常生活本身的知识。作为知识体系的法学，就应该有自己的专业性、规范性，有自己的话语体系，这一点无可置疑。德国刑法学家罗克辛更是鲜明地指出："法律科学必须成为并且保持其作为一种真正的体系性科学；因为只有体系性的认识秩序才能够保证对所有的细节进行安全和完备的掌控从而不再流于偶然和专断，否则，法律适用就总是停留在业余

---

① 参见王钧. 刑法解释的常识化［J］. 法学研究，2006（6）：102－112.

水平之上。"①

法学研究常识化，并不等于法学语言、理论体系的通俗化。"社会科学的目的就在于通过对现象世界的分析与观察，按照一定的逻辑甄别具体生活中的个别知识并由此通过模型建构完成对现象世界的抽象化提炼。"② 法学作为社会科学的一种，其诸多概念和范畴、体系的建立，都应该是对社会生活现实的反映，但不是现实生活的照相机或录像机，而是对生活实践的凝练、抽象和提升。所以，法学中的许多表述，由于受自身规范性、专业性的限制，不可能与日常生活用语完全一致。"去熟悉化"是法学学科建设与发展过程中的正常历程。法学研究语言的"去熟悉化"与问题面向现实的法学研究常识化，这是两个层面的问题。比如刑法量刑中的"从轻""减轻"两个情节，一般社会公众对此恐怕只有"轻判"的模糊认识，并不了解它们在法律意义上的不同内涵及各自代表的两种不同的法律结果。所以，法学是由一系列概念、规则体系组成的规范理论体系，这是法学与日常生活的不同之处。

但遗憾的是，我国目前的法学研究依然有偏离常识化、过于专业化的倾向，主要表现是：专业术语频多、偏重构建理论体系、问题脱离实际、缺乏现实关切。

众所周知，我国的法学理论主要借鉴自大陆法系，在思维上自然也更亲和于大陆法系。大陆法系的法学理论不同于英美法系重实用的原则，它本身就偏重于哲学思维，并确立了众多的法律概念、法律原则，进而指导法律的适用，在方法上以演绎为主。我国学者在构建自身的法

---

① 克劳斯·罗克辛. 刑事政策与刑法体系 [M] 蔡桂生，译. 北京：中国人民大学出版社，2011：5.
② 石聚航. "去熟悉化"与"去常识化"之间：刑法学知识转型的反思 [J]. 环球法律评论，2014（1）：104 –117.

学理论体系时，较多采用了大陆法系的法律概念、法律原则和法律体系，并不断实现着概念和理论的叠加。特别少数学者把构建自己的理论体系作为科研的终极目标，不断创制着新的概念、学说。而现实中，由于文化背景和理论内涵的差异，也由于学者自身认知水平和研究水平的参差不齐，对相关术语、概念、原则等还缺乏充分的阐释，社会公众很难理解其背后的深意，甚至对专业术语和法律制度产生误读，这里既有语言上的歧义，也有观念上的差异。而误读的背后，是过度专业化的法律术语和脱离实际的理论构建在向民众传递信息时出现了失真和偏差。

事实上即使是哲学这样以理论建构见长的学科，它的终极目的也是要帮助人们更好地认知自然界，更好地认知人本身，更好地认知由个人所组成的社会，更好地认知我们对这个世界的认知。对先贤学说的整理、对经典文本的解读、对思想传统的继承、对异域思想的引介、对哲学教科书的编撰等等，都只是哲学研究的内在环节和组成部分，但绝对不是哲学研究的全部。哲学家不能只将明灯高举过头，却让阴影留在自己的脚下，现实的关怀和体认才是引向哲学诗情的碧霄。哲学家也应立足于当代生活现实，在先贤思想成就的基础上，以哲学问题为导向，以论证、对话、质疑、挑战为主要形式，去撞击已有的思想边界，去展开对新领域的开拓和对新理论的创制。[①]

作为一门学科的哲学，其自身也在经历从对形而上学的排斥和批判转向对生存哲学、生活哲学的关注，对道德、伦理之域的研究正日益成为哲学发展的新动向。以政治哲学为例，以往其研究重点主要集中在利益与权力、制度与程序等概念及其本质问题上，如今则主要聚焦于社会正义、公民角色与责任等伦理问题。经济哲学则开始重点关注企业、企

---

① 参见陈波. 哲学作为一项认知事业 [J]. 哲学分析，2020（1）：4－24，196.

业家的社会责任等伦理问题，经济伦理学已然成为哲学的又一个新兴的、朝气蓬勃的学科。而伦理学自身也在悄然发生着变化。

现代伦理学认为，日常生活才是善良生活的真正核心。这种伦理观念"给予自由和自我控制以突出的地位，把避免遭受痛苦放在十分首要的位置上，并把生产活动和家庭生活看作为幸福的核心"①。

哲学发生伦理转向有其外在和内在的逻辑根据。从外在来看，这是时代发展的需要。哲学是时代发展的结晶，时代是哲学发展的内驱力和推动力，即使是传统中国哲学也要有当下时代的问题意识。"现代中国哲学不能仅仅活在孔子、朱熹、王阳明时代，它应该活在一个全球资本主义的时代，这个时代的特征构成了现在中国哲学存在的历史性。"②当今时代，人类一方面在追求和享受现代化发展带来的生活便利和丰硕成果，另一方面也面临着影响人类生存和发展的现代性危机。为了追求人与自然之间的和谐共生、人与人之间的共存发展，人类需要更加关注人与自然、人与人、人与社会之间的伦理关系。从内在来看，这是哲学学科自身发展的必然趋势。传统哲学认为形而上学是第一哲学，它"寻求最高原因的基本原理"，笛卡尔把形而上学比喻为大树的根。而哲学的其他分支学科，如伦理学等则是大树的枝，相较于形而上学它们属于实践哲学。枝必然依附于根，实践哲学则必须服从形而上学。其结果是形而上学成了最高层次的哲学，伦理学等实践哲学则成了次一等的学问。以追求普遍真理存在的形而上学，客观上造成了哲学与人的疏离甚至是割裂，因此在现当代形而上学受到了极大的批判，而自然向生活世界、伦理世界转型。一门学科的发展必须兼有学术价值和社会价值，

---

① 查尔斯·泰勒. 自我的根源——现代认同的形成 [M]. 韩震，等译. 南京：译林出版社，2012：24-25.

② 张汝伦. 中国哲学如何在场 [J]. 中国社会科学评价，2018（1）：4-15，125.

两者缺一不可。缺少学术性，学科的发展难以维系；缺少社会性，学科就没有生命力。

　　法学学科是在哲学学科引领下发展的，随着哲学学科伦理化、常识化的转型，法学学科理应跟上哲学学科发展的步伐。源于西方的权利观念就是对人的生命、价值、意义以及对与人有关的财产的关注和保护，这些就是人的日常。法治的目的就是保护人的自由和权利，维持社会秩序的良好运行。

　　中国在改革开放之初有过一场关于"实践是检验真理的唯一标准"的大讨论，它依然为新时代中国社会科学的发展指明着方向，即理论必须与实践相结合。理论工作者必须针对社会实践中不断发生的现实问题进行理论反思及体系建构，这样的知识才是有现实意义的和符合社会发展规律的，也才能真正走进社会公众的心里，为社会公众了解和认同。特别在当前时代，大数据和人工智能的迅速发展使人类活动回归到认识和实践一体化的轨道上来，人类的伦理地位也在发生根本改变。世界的自然进化并不存在以人为中心而发生的伦理问题，但世界的人为创构则使伦理问题日益突出，从而也使伦理被提升到更高的层次。

　　我国的法律知识体系中更是存在大量移植来的专业术语和众多复杂的法治理论，绝大部分社会公众对此应该毫无兴趣，实际上这也是社会公众不可能也没有必要完全掌握的，人们关注的是法学服务于实际生活、解决实际问题的能力和效果。法学与一些理论性强甚至一些纯理论研究的学科不同，它更多的是一个应用型学科。法学作为哲学引领下的应用型学科，其研究更应始终围绕法治的目的进行，其理论目标导向和现实问题导向应始终捆绑在一起，并且应把重心放在观照人的日常生活方面。帮助解决实际的法律问题，应该是法学发展的重要旨归。现在一些法学专家忙于构建自己的理论体系，以获得专业领域的成绩，忽略了与日常生活的勾连，也忽略了更广范围的意义和后果。法学家应努力建构接近于常识的法学知识理论体系，这样才能形成与中国当下社会发展态势相契合、与社会公众认知相洽的理论体系。

在法治化进程中，法律术语和法学理论的传播与解释工作，已不能延续法治建设初期的口号式宣传方式。法治社会，专业化、精细化的法律术语和理论建构该如何与社会公众顺利对接已经成了一门新的学问，它要与时俱进，既要让社会公众从更深的理论层次上理解法律、认同法律，又不能让他们陷入法律术语的泥沼里不知"云里雾里"，当然也不能为了通俗化而偏离了法学自身的专业性、准确性、规范性和系统性。源于生活、高于生活、回归生活，这是法学研究常识化的追求，也是走向法治认同的重要路径。

结　语

　　20 世纪上半叶，中国法律思想史学科经历了奠基与初步发展的过程。1900 年沈家本的《法学盛衰说》，虽然只有区区几百字，但却概括叙述了自周至清在儒学正统思想束缚之下的中国士人对法律和法学的基本观点的历程，批判了历代人对法律和法学的偏见，开启了法学研究的正统之路。1905 年，梁启超的《中国法理学发达史论》一文，虽然以"法理学"命名，但实际上是第一个真正的中国法律思想史专论，自此中国法律思想史学科正式奠基。

　　其后一系列关于法律史的著作和论文相继发表。1936 年杨鸿烈的《中国法律思想史》问世，学科的体系结构基本确立，标志着本学科又进入了一个重要的发展阶段，著述量逐渐增多，涉及的人物、专题也更加丰富。

　　总之，这一时期学科的发展，为新中国重启中国法律思想史的研究打下了坚定的基础。1979 年开始的"人治与法治问题的讨论"，揭开了中国法律思想史学科复兴的序幕。新时期在原有理论的指导下，从解决"法律面前人人平等""人治与法治"等现实问题出发，去研究中国法律思想史，批判传统思想意识中的不合理因素，为新时期的民主与法治寻求理论支撑。所以，新时期的中国法律思想史研究不但有传统理论的分析，比如对儒家、法家等流派更为客观、公正、理性的学术评价，也有对现实的关照。

中国法律思想史学自 20 世纪初经历了萌芽、形成与初步发展的过程，到今天已有百余年的历史。这一学科虽然一开始不属于"显学"的范畴，但在相当长时间内也算平稳发展，特别是民国时期梁启超的开拓、杨鸿烈的奠基，以及当时一批关心时事、国政的文化人士为学科的发展也作出了自己的贡献。改革开放后，自 1986 年中国法律思想史研究会成立以来，张国华、饶鑫贤等老一辈学者更是为学科的发展营造了良好的氛围，创造了学科发展的繁荣期。

但近年来，随着我国市场经济的迅速发展，人文社科领域特别是缺乏经济效益的文史哲等基础性学科的发展，受到前所未有的挑战，甚至到了生死存亡的危急时刻。中国法律思想史的研究与现实相对疏离，难以为法律实践提供有效的指导；法律思想史的埋头钻研与法学的崇尚实用、追求高效率也显得格格不入。以上种种原因，导致学科在法律实务领域越来越被质疑，学科存在的价值和意义问题需要重新审视，否则学科的生命力将面临挑战。

"学术创新"是学术界最时尚的追求，也是学术的生命力所在。但在创新的同时，我们必须牢记：传承才是学术发展的基础，没有传承就没有有价值的创新。所以，历史研究是十分必要的，历史借鉴价值也是必不可少的。中国历代学问、学术是代代相传的，而各学派也是一脉相承的，所谓儒、墨、道、法等流派，站在历史的长河中观之，都有自己清晰的发展脉络。现代学术研究自然也遵循这一规律。

"如果说，对法律结构的概念分析和社会学研究，主要是把法律变成能够有效运用的社会手段的话，那么，探求法律的价值意义就是在寻找法律最真实的生命。禁绝这种要求，就是扼杀法律的生命；失却了批判能力的法学家，即便不是暴政的帮凶（如纳粹时期的许多法学家），至少也将沦为僵死法律的殉葬品。"① 法律史学偏重的人文关怀正可弥补法学过于实证的导向。

20 世纪初，虽然中国法律思想史尚处在初步确立的阶段，但新的研究方法在梁启超的《先秦政治思想史》一书中已被明确提出。他提出的问题研究法、时代研究法和宗派研究法，至今仍在法律思想史学界被贯穿运用。之后，由于西学东渐的大背景，中西比较的方法成为法律史研究必要的手段。杨鸿烈在《中国法律思想史》一书中更是专列了一章"欧美法的侵入"探讨西法的输入对中国法律思想的影响。在对西方的法律思想的逐步了解中，学者深刻体会到中国法律观念转变向现代转变的必要性。近年来，关于研究方法的讨论又成为关注的焦点之一，特别是围绕法律史学科的走向——史学化还是法学化的问题。

清末法制改革中，为了适应社会发展的迫切要求，清政府不得不将法律人才的培养和法律变革紧密结合起来。总体来看，清末法制改革开启了新式法律教育模式，初步建立了法律人才的选拔任用制度，这也为20 世纪上半叶法学各学科的开展奠定了人才基础。②

也因为最初法律人才的培养更多是面向实务的，所以近代知识分子的普遍特征，他们多是具有公共责任担当而非单纯拥有知识的人。他们常常超越某个个体或群体利益，既追求修身、志于道，也具有超越自身社会属性的公共担当。但同时学术研究的独立性问题也值得关注，不能成为政治的附庸。

---

① 梁治平. 自然法今昔：法律中的价值追求 [J]. 学习与探索, 1988（2）: 92-97.
② 参见马小红，肖柳. 中国法律思想史学其他 [J]. 中国法律年鉴, 2005（1）.

　　中国法律思想史学经过一个世纪的开拓和发展，已有了独立的研究内容、研究方法。但在新的时代背景下，学科发展仍面临严峻的形势。法学普遍朝实证方向发展，像思想史这种冷学科的出路须靠学人们的艰苦努力和卓越成绩，方能争得一席之地。

附录一

20 世纪上半叶中国法律思想史研究主要著作索引表

书名	作者	出版社	时间
寄簃文存	沈家本		
中国古代法理学	王振先	上海商务印书馆	1925
韩非子法意	夏忠道	上海青年协会书局	1927
先秦法家概论	李之臣	北京朝阳大学	1928
法家政治哲学	陈烈	上海华通书局	1929
韩非的法治思想	张陈卿	北平文化学社	1930
先秦法律思想	丘汉平	上海光华书局	1931
法律思想史	丁元普	上海法学编译社	1932
法律思想史讲义	丁元普	上海法政学院	不详
中国法家概论	陈启天	上海中华书局	1936
中国法律思想史	杨鸿烈	上海商务印书馆	1936
中国法律发达史（古代立法思想的论述）	杨鸿烈	商务印书馆	1930
法律思想史概说	小野清一郎等	力行书店	1942
中国法制及法律思想史讲话	秦尚志	上海世界书局	1943
三晋法家的思想	容肇祖	重庆史学书局	1944
法家谈论	章士钊等		1946

续表

书名	作者	出版社	时间
中国法理自觉的发展	蔡枢衡	北平著者刊 河北省第一监狱	1947
为什么要重建中国法系	居正	上海大东书局	1947
中国法律之儒家化	瞿同祖	北京大学出版社	1948
中国法制史	陈顾远	商务印书馆	1934

附录二

20 世纪上半叶中国法律思想史研究主要论文索引表

作者	题目	期刊及时间
杨德邻	法律学小史（及"续"）	《法政学交通社杂志》第 1－2 号，1907
陈俊三	法律思想之发达	《法律评论》第 49－54 期，1924
丘汉平	慎子的法律思想	《法学季刊》第 3 卷第 3 期，1927
羌笛	法律进化之法则	《法学新报》第 31 期，1928
殷贵华	韩非法治思想之研究	《法律评论》第 9 卷第 40、41 号，1932
邹光表	中国古代法律哲学的总结算	《法轨创刊号》，1933
汤觉先	孔子的学术与法律	《东吴法声》第 8 期，1934
赵之远	法律观念之演进及其诠释	《社会科学丛刊》第 1 卷第 1 期，1934
易庵	法之起源及发达	《法学丛刊》，1934
章士钊	中国古代法学思想	《法轨》第 1 卷第 2 期，1934
赵谋	春秋战国法律思潮之讨论	《法律评论》1934 年 12 卷第 2 期
刘百闵	儒家的自然法论	《时代公论》第 3 卷第 43 期，1935
翦伯赞	先秦"法"思想之发展	《中华法学杂志》1936 年第 1 卷第 1 期
梅仲协	管子的法治思想	《中国法学杂志月刊》1947 年第 6 卷第 4 期

续表

题目	作者	期刊及时间
曾思五	韩非法学原理发微	《三民主义》半月刊 1945 年第 6 卷第 11 期
何卓	管子之法治思想	《新政治》1943 年第 7 卷第 2 期
钱穆	中国人之法律观念	《思想与时代》1942 年第 8 期
曹德成	儒家非讼的法律思想及其影响	《中华法学杂志》1947 年第 6 卷第 3 期
居正	中国法哲思想之变迁	《中华法学杂志》1947 年第 7 卷第 8 期
杨柳	中国法律思想渊源	《中华法学杂志》1947 年第 6 卷第 1 期
罗渊祥	评容著《三晋法家的思想》	《中华法学杂志》1947 年第 6 卷第 1 期
史延程	圣道与法治之关系	《中华法学杂志》1948 年第 7 卷第 8 期
沈玉清	论儒家的法律观	《东方杂志》第 38 卷第 5 号

参考文献

一、著作及译著类

1. 王振先. 中国古代法理学 [M]. 上海：上海商务印书馆，1925.

2. 夏忠道. 韩非子法意 [M]. 上海：上海青年协会书局 1927.

3. 陈烈. 法家政治哲学 [M]. 上海：上海华通书局，1929.

4. 丘汉平. 先秦法律思想 [M]. 上海：上海光华书局，1931.

5. 丁元普. 法律思想史 [M]. 上海：上海法学编译社，1932.

6. 陈启天. 中国法家概论 [M]. 上海：上海中华书局，1936.

7. 秦尚志. 中国法制及法律思想史讲话 [M]. 北京：世界书局，1943.

8. 梁启超. 清代学术概论 [M]. 北京：中华书局，2010.

9. 梁启超. 先秦政治思想史 [M]. 长沙：岳麓书社，2010.

10. 陈顾远. 中国法制史概要 [M]. 北京：商务印书馆，2011.

11. 陈顾远. 中国法制史 [M]. 北京：中国书店，1988.

12. 陈顾远. 中国文化与中国法系 [M]. 台北：台北三民书局，1969.

13. 杨鸿烈. 中国法律思想史 [M]. 北京：中国政法大学出版社，

2004.

14. 杨鸿烈. 中国法律对东亚诸国之影响［M］. 北京：中国政法大学出版社，1999.

15. 瞿同祖. 中国法律与中国社会［M］. 北京：中华书局，2007.

16. 冯友兰. 中国哲学史［M］. 上海：华东师范大学出版社，2000.

17. 冯友兰. 中国哲学史（上）［M］. 重庆：重庆出版社，2009.

18. 吴经熊. 法律哲学研究［M］. 清华：清华大学出版社，2005.

19. 朱方. 中国法制史［M］. 上海：上海法政学社，1932.

20. 萧公权. 中国政治思想史（上）［M］. 北京：商务印书馆，2011.

21. 侯外庐，赵纪彬，杜国庠. 中国思想通史：第一卷［M］. 北京：人民出版社，2011.

22. 王伯琦. 近代法律思潮与中国固有文化［M］. 北京：清华大学出版社，2005.

23. 殷海光. 中国文化的展望［M］. 上海：上海三联书店，2002.

24. 梁漱溟. 东西方文化及其哲学［M］. 北京：商务印书馆，1987.

25. 孙晓楼. 法律教育［M］. 北京：中国政法大学出版社，2004.

26. 何勤华. 中国法学史［M］. 北京：法律出版社，2006.

27. 公丕祥. 中国的法制现代化［M］. 北京：中国政法大学出版社，2004.

28. 张晋藩. 中国法律的传统与近代转型［M］. 北京：法律出版社，2005.

29. 张晋藩. 中国法制史［M］. 北京：商务印书馆，2010.

30. 李贵连. 近代中国法制与法学 [M]. 北京：北京大学出版社，2002.

31. 黄仁宇. 中国大历史 [M]. 北京：生活·读书·新知三联书店，2007.

32. 余英时. 钱穆与中国文化 [M]. 上海：上海远东出版社，1994.

33. 高瑞泉，等. 中国近代社会思潮 [M]. 上海：华东师范大学出版社，1996.

34. 杨鹤皋. 中国法律思想史 [M]. 北京：北京大学出版社，1988.

35. 郝铁川. 中华法系研究 [M]. 上海：复旦大学出版社，1997.

36. 张中秋. 中西法律文化比较研究 [M]. 北京：中国政法大学出版社，2006.

37. 钱大群. 唐律疏义新注 [M]. 南京：南京师范大学出版社，2007.

38. 吕思勉. 中国制度史 [M]. 上海：上海三联书店，2009.

39. 梁治平. 寻求自然秩序中的和谐 [M]. 北京：中国政法大学出版社，2002.

40. 柳立言. 宋代的家庭和法律 [M]. 上海：上海古籍出版社，2008.

41. 尹伊君. 社会变迁的法律解释 [M]. 北京：商务印书馆，2003.

42. 龚祥瑞. 比较宪法与行政法 [M]. 北京：法律出版社，2012.

43. 徐忠明. 法学与文学之间 [M]. 北京：中国政法大学出版社，2000.

44. 胡逢祥. 社会变革与文化传统——中国近代文化保守主义思潮研究 [M]. 上海：上海人民出版社，2000.

45. 汤一介，汪德迈. 天 [M]. 北京：北京大学出版社，2011.

46. 弗里德里希·卡尔·冯·萨维尼. 论立法与法学的当代使命 [M]. 许章润，译. 北京：中国法制出版社，2001.

47. 帕斯卡尔. 思想录 [M]. 何兆武，译. 北京：商务印书馆，1985.

48. 约翰·凯克斯. 反对自由主义 [M]. 应奇，译. 北京：中国社会科学出版社，1998.

49. 萨缪尔·P. 亨廷顿. 变化社会中的政治秩序 [M]. 王冠华，刘为，译. 上海：上海人民出版社，2008.

50. 菊池秀明. 末代王朝与近代中国 [M]. 高莹莹，等译. 桂林：广西师范大学出版社，2014.

51. 罗素. 中国问题 [M]. 秦悦，译. 上海：学林出版社，1996.

52. 梅因. 古代法 [M]. 沈景一，译. 北京：商务印书馆，1959.

53. 威格摩尔. 世界法系概览 [M]. 何勤华，等译. 上海：上海人民出版社，2004.

54. 福柯. 规训与惩罚 [M]. 上海：上海三联书店，2007.

二、编著类

1. 赵九燕，杨一凡. 百年中国法律史学论文著作目录 [M]. 北京：社会科学文献出版社，2014.

2. 何勤华，王立民. 法律史研究 [M]. 北京：中国方正出版社，2008.

3. 曾宪义主编. 百年回眸：法律史研究在中国 [M]. 北京：中国

人民大学出版社，2009.

4. 翟志勇. 罗斯科·庞德：法律与社会——生平著述及影响 [M].桂林：广西师范大学出版社，2004.

5. 杨深. 走出东方——陈序经文化论著辑要 [M]. 北京：中国广播电视出版社，1995.

6. 张晋藩. 中华法系的回顾与前瞻 [M]. 北京：中国政法大学出版社，2007.

7. 何勤华，洪佳期. 丘汉平法学文集 [M]. 北京：中国政法大学出版社，2004.

8. 范忠信. 梁启超法学文集 [M]. 北京：中国政法大学出版社，2000.

9. 曾宪义，范忠信. 中国法律思想史研究通览 [M]. 天津：天津教育出版社，1989.

三、论文类

1. 陈俊三. 法律思想之发达 [J]. 法律评论，1924 (49/50/51/52/53/54).

2. 丘汉平. 新法律史观 [J]. 法学季刊，1927, 3 (3).

3. 邹光表、刘梓霖. 中国古代法律哲学的总结算 [J]. 法轨，1933（创刊号）.

4. 易庵. 法之起源及发达 [J]. 法学丛刊，1934.

5. 赵谋. 春秋战国法律思潮之讨论 [J]. 法律评论，1934 (2).

6. 刘百闵. 儒家的自然法论 [J]. 时代公论，1935, 3 (43).

7. 钱穆. 中国人之法律观念 [J]. 思想与时代，1942 (8).

8. 陈独秀. 东西民族根本思想之差异 [J]. 青年杂志，1915, 1 (4).

9. 陈独秀. 吾人最后之觉悟 [J]. 青年杂志, 1916, 1 (6).

10. 杨鸿烈. 悲观主义新说 [J]. 哲学, 1922 (6).

11. 杨鸿烈. 说忏悔 [J]. 哲学, 1923 (8).

12. 丁元普. 法学思潮之展望 [J]. 法轨, 1934 (2).

13. 丁元普. 中华法系成立之经过及其将来 [J]. 现代法学, 1931, 1 (5).

14. 丁元普. 中华法系与民族复兴 [J]. 中国法学杂志, 1937, 1 (7).

15. 梅仲协. 老子与管子的法律思想 [J]. 中国法学杂志, 6 (4)。

16. 翦伯赞. 先秦"法"思想之发展 [J]. 中华法学杂志, 1936, 1 (1).

17. 王汝琪. 中华法系之复兴 [J]. 复兴月刊, 1933, 1 (10).

18. 吕世伦、邓少岭. 天人合一境界中的中华法系之美 [J]. 现代法学, 2003 (3).

19. 李次山. 世界法系中之中华法系（再续）[J]. 法学丛刊, 1930, 1 (4).

20. 章士钊. 中国古代法学思想 [J]. 复旦大学校刊, 1933 - 11 - 06.

21. 任继愈. 试论天人合一 [J]. 传统文化与现代化, 1996 (1).

22. 饶鑫贤. 中国法律思想史分期问题商兑 [J]. 法学研究, 1999 (3).

23. 王志强. 二十世纪的中国法律思想史学——以研究对象和方法为线索 [J]. 中外法学, 1999 (5).

24. 韩秀桃. 中国法律史学史——一个学科史问题的透视 [J]. 法制与社会发展（双月刊），2003（6）.

25. 李伟. 传统法律思想研究的近现代嬗变 [J]. 北方法学，2013（6）.

26. 胡永恒. 法律史研究的方向：法学化还是史学化 [J]. 历史研究，2013（1）.

27. 阮兴. 法学与史学之间：20 世纪上半期中国法学的跨学科研究趋向——以陶希圣学术研究为个案的探讨 [J]. 西部法学评论，2008（5）.

28. 王宏治. 试论中国古代史学与法学同源 [J]. 政法论坛（中国政法大学学报），2003（2）.

29. 何勤华. 杨鸿烈其人其书 [J]. 法学论坛，2003（3）.

30. 何勤华，孔晶. 新中华法系的诞生？——从三大法系到东亚共同体法 [J]. 法学论坛，2005（4）.

31. 王健. 瞿同祖与法律社会史研究——瞿同祖先生访谈录 [J]. 中外法学，1998（4）.

32. 孙国东. 功能主义"法律史解释"及其限度——评瞿同祖《中国法律与中国社会》[J]. 河北法学，2008（11）.

33. 俞荣根. 历史法哲学——法的智慧之学 [J]. 中外法学，1992（1）.

34. 胡旭晟. 描述性的法史学与解释性的法史学——我国法史研究新格局评析 [J]. 法律科学，1998（6）.

35. 严文强. 清末礼教派法律思想的理性思考 [J]. 江汉论坛，2007（1）.

36. 吴志辉. 清末"礼法之争"的评价与启示 [J]. 人民论坛，

2013（26）．

37．高瑞泉．革命世纪与哲学激进主义的兴起［J］．华东师范大学学报（哲学社会科学版），2013（6）．

38．谢晖．法治保守主义思潮评析——与苏力先生对话［J］．法学研究，1997（6）．

39．欧阳哲生．中国近代文化流派之比较［J］．中州学刊，1991（6）．

40．许纪霖．社会民主主义的历史遗产——现代中国自由主义的回顾［J］．开放时代，1998（4）．

41．陈金全．论严复自由主义的法律思想［J］．现代法学，1993（5）．

42．陈景良．中国近代法律思想的历史发展、主要内容和特点［J］．法学，1999（5）．

43．李洪岩．杨鸿烈的史学思想［J］．史学理论研究，1994（3）．

44．马小红．珍惜中国传统法——中国法律史教学和研究的反思［J］．北方法学，2007（1）．

45．马珺．法家"法治"原则与儒法合流［J］．河南省政法管理干部学院学报，2001（2）．

46．王绍莉．墨家法律观之现代价值［J］．法制与社会，2014（14）．

47．丁以升．道家的"法自然"观及其影响——兼与西方自然法思想比较［J］．华东政法学院学报，1999（5）．

48．倪正茂．汉—唐法律思想略论［J］．上海社会科学院学术季刊，1985（3）．

49. 王立民. 略论中国古代的法律伦理——以《唐律疏议》为中心 [J]. 法制与社会发展, 2012 (3).

50. 王立民. 也论中华法系 [J]. 华东政法学院学报, 2001 (5).

51. 武树臣. 走出"法系"——论世界主要法律样式 [J]. 中外法学, 1995 (2).

52. 武树臣. 中华法系的原生形态发展轨迹和基本特征 [J]. 法学杂志, 2012 (1).

53. 史广全. 陈顾远中华法系研究初探 [J]. 学术探索, 2005 (2).

54. 张晋藩. 再论中华法系的若干问题 [J]. 政法论坛（中国政法大学学报）, 1984 (2).

55. 张晋藩. 中华法系特点探源 [J]. 法学研究, 1980 (4).

56. 张晋藩. 中华法系特点再议 [J]. 江西社会科学, 2005 (8).

57. 张晋藩. 中华法系研究新论 [J]. 南京大学学报, 2007 (1).

58. 乔伟. 中华法系的基本特点 [J]. 文史哲, 1986 (2).

59. 韩玉林、赵国斌. 略论中华法系特点及其形成和消亡的途径 [J]. 吉林大学社会科学学报, 1983 (4).

60. 陈朝璧. 中华法系特点初探 [J]. 法学研究, 1980 (1).

61. 杨振洪. 论中华法系的形成和发展条件 [J]. 法学研究, 1997 (4).

62. 刘海年、杨一凡. 中华法系的形成及其特点 [J]. 人民司法, 1983 (1).

63. 徐忠明. 中华法系研究的再思 [J]. 南京大学法律评论, 1999 (1).

64. 马小红、肖柳. 中国法律思想史学其他 [J]. 中国法律年鉴

[J] . 2005（1）.

65. 高其才、罗昶 . 胡适法律思想略论 [J] . 法制与社会发展，2003（4）.

66. 吴正茂 . 再论法律儒家化——对瞿同祖"法律儒家化"之不同理解 [J] . 中外法学，2011（3）.

67. 陈景良 . 法律史视野下的唐宋社会变革——从"皇权统治国家，士绅构建社会"说起 [J] . 公民与法（法学版），2012（2）.

68. 郑子昂 . 谁的终结？——福山与张维为对话"中国模式" [EB/OL] . 复旦大学中国研究院，2017 – 06 – 16.

四、文集类

1. 沈家本 . 寄簃文存 [M] . 北京：商务印书馆，2015.

2. 章开沅，罗福惠，萧怡 . 居正文集 [M] . 武汉：华中师范大学出版社，1989.

3. 梁治平 . 法律史的视界：方法、旨趣与范式 [M] // 梁治平 . 在边缘处思考 . 北京：法律出版社 2003.

4. 胡旭晟 . 擦亮二十世纪中国法史学的丰碑——《瞿同祖法学论著集》编辑札记 [M] // 中南财经政法大学法律史研究所 . 中西法律传统：第四卷 . 北京：中国政法大学出版社，2004.

5. 俞荣根，龙大轩 . 中华法系学述论 [M] // 中南财经政法大学法律史研究所 . 中西法律传统：第八卷 . 北京：中国政法大学出版社，2006.

6. 饶鑫贤 . 二十世纪之中国法律思想史学研究及其发展蠡测 [M] // 饶鑫贤 . 中国法律史论稿 . 北京：法律出版社，1999.

五、学位论文论

1. 汤唯. 法社会学在中国——一个学说史的反思 [D]. 上海：华东政法大学，2005.

2. 宁红玲. 瞿同祖的法律史社会学方法述评 [D]. 长沙：湘潭大学，2007.

六、报纸类

1. 梁启超. 中国法理学发达史论 [N]. 新民丛报，1905，4 (5/6).

2. 左玉河. 从"四部之学"到"七科之学" [N]. 光明日报，2000 - 08 - 11.